JN217730

著 **ぶせな**
BUSENA

最強のFX
1分足
スキャルピング

日本実業出版社

はじめに

　2008年10月、私はわずか１か月で1000万円を超える含み損を抱えました。いざ損切りをするときは、手が震え、冷や汗がダラダラと出てきたのを覚えています。いよいよ損が確定してしまうとき、大きな恐怖に襲われました。その後、しばらくは立ち直れませんでした。FXを続けようかやめてしまおうか、迷いました。冷静さを取り戻すまで時間はかかりながら、「ここで夢をあきらめたら一生後悔するのではないか？」という思いがありました。今思えば、これがよかったのでしょう。

　そして、覚悟を決めました。「短期間で大きな資産を築くには、やっぱりFXしかない、もう一度チャレンジしよう」と……。

　それからスキャルピングを徹底的にやろうと決意したのが、2009年の年明けです。それからは、これまでの人生で、１つのことに対して一番集中して勉強した時期です。おそらくこの先、これ以上何かに没頭することはないでしょう。それくらい本気でした。人間、本気になればできるものです。死ぬ気でやるとはこのようなことだと、今では実感しています。

　それから８年以上にわたって利益をたたき出してくれているのが、これから本書で紹介する「１分足スキャルピング」です。私自身が構築したものですが、このルールは今でも私を救ってくれます。勝てない時期やメンタルがつらいときでも、ルールを信じてトレードを続けていると、なぜか調子が戻り、しばらくすると、また勝てるようになっているのです。期待値に収束しているのでしょうが、このルールのおかげで、この本を書いている今もトレード収益は最高値を更新し続けています。そのルールを、今回はじめて１冊の本にまとめました。

　精神論やアノマリー的なことは、いっさい書いていません。トレードですぐに利益を出すには、エントリーからイグジットまでの、具体的でテクニカル的なルールが必要です。本書には、このルールを、あますこ

となく、すべて書きました。そのため、お読みいただいたそのときから
すぐに実践できます。スキャルピングは、数秒から数分後を予測するも
のですが、何ら難しいことはありません。淡々と行なえて、コツをつか
めばトレードするたびに資金が増えていき、本当に楽しい手法です。ぜ
ひ、本書を実際のトレードをイメージしながら読み進めてみてください。

　特に意識したことは、すべてに「理由」を書いた点です。「なぜそこ
でエントリーすると勝てるのか」「なぜここで反転しやすいのか」「なぜ
様子見するのか」という、「なぜ？」をしっかり説明しています。ルー
ルだけ伝えても、「なぜ？」という疑問がある限り、みなさんが実践す
ることができないと思うからです。「ここでエントリーしてください」「こ
のチャート設定にしてください」とだけ読んだところで、そのよさや期
待値はまったくわかりません。これでは、実践しようと思えないはずで
す。そこで、ルールの土台になっている相場の具体的な仕組みを、事細
かく説明しています。そうすることで、このルールにすべき理由がすべ
てわかるため、納得して実行に移すことができると思います。

　また、この手法は、たった1つのやり方ではなく、おのおのが好きな
パターンに応用することが可能です。それは、「なぜ？」を解消するた
めの理由を書いているからです。仕組みを理解することで、いろいろな
手法に応用できるでしょう。みなさんが好きなやり方と組み合わせてく
ださい。そうすることで、さらに改善することができるかもしれません。
そして一度だけではなく、二度三度と読み返してください。最初は、点
と点の理解だとしても、何度か読むうちに、それが線につながるはずで
す。

　本書を読んでくださったみなさんが、トレードで大きな利益を上げる
ことを願っています。

　2017年10月　　　　　　　　　　　　　　　　　　　　ぶせな

CHAPTER 1

短期間で億超えを実現する 「正しいスキャルピング」とは?

CHAPTER 2

リスクを抑え勝率を上げる 「トレードルール」

CHAPTER 3

1000回勝負して1000回勝てる「ネックライントレード」

CHAPTER 4

チャートではわからない「最大限の利益を引き出す方法」

CHAPTER 5

頻繁に出現する期待値が高い「勝ちパターン10選」

CHAPTER 6

ルールより大切な
「勝ち続ける投資思考」

カバーデザイン	井上祥邦 （yockdesign）
本文デザイン	浅井寛子
本文DTP	一企画

CHAPTER

1

短期間で億超えを実現する
「正しいスキャルピング」とは？

01 | FXには夢がある

　FXには夢があります。その魅力は、なんといっても無限に稼げることではないでしょうか。私は15年以上FXをやってきましたが、時が経つにつれて、この事実を本当に身に染みて実感しています。

プレッシャーの何倍もの価値がある生活

　あなたがこの本を手にしているということは、その夢を実現したいからだと思います。15年前、20代半ばであった私もそうした夢を抱いている1人でした。株のデイトレードは少しやっていましたが、鳴かず飛ばずの状態。そのとき、FXを知りました。株のように数千といった銘柄はなく、いくつかの通貨ペアを売買するものです。たとえばドル円なら、「毎日ドル円を見ていれば、売買タイミングはわかるようになるだろう」と考えました。

　「コツをつかめば、この先ずっと勝てる。そして取引量を増やしていけば、夢のような利益が可能になる」

　そう思いました。

　FXで勝てるようになると、どのような生活ができるでしょうか。たとえば、次のようなことが可能になります。

・会社員では手に入れることができないようなお金

・人に雇われず無駄な会議がない毎日

・満員電車に乗る必要がなく、ストレスから解放される生活

・好きなものを好きなときに食べ、翌日を気にせず好きなときに寝る

・多くの人が働いている平日に旅行をする

・明日も明後日も嫌な予定がない

・ネット環境さえあれば日本中、世界中でお金を稼げる

・組織の人間関係がなく、我慢することがない

　トレードで勝たなければならないというプレッシャーはありますが、このように会社員では経験できないような生活が可能になるのです。その幸福度は、プレッシャーの何倍もの価値があるのではないでしょうか。私はこのような生活にとても価値を感じます。

FXはとにかく稼げる

　マネー雑誌やインターネットサイトなどの特集で、「FXで1億儲けた！」「わずか3年で10億以上稼いだ方法！」など、けた違いの利益を稼いでいる人の記事をよく目にします。**FXで稼ぐ1つの目安として考えられている金額は「億」です**。1億円以上の利益を出した人のことを、「億り人」などと呼んだりします。「本当にそんな人がいるのか？」と疑問に思うかもしれませんが、FXが盛んな日本ではたくさんいます。雑誌の取材やSNSから広がるトレーダー同士の交流も少なからずあり、私自身、億を稼いでいるトレーダーを現実にたくさん知っています。

　なぜFXは短期間でこんなにも儲かるのか、特に、本書で紹介していく「スキャルピング」は、短期間でのスキルアップが可能です。

　1ついえるのは、**スキャルピングでひとたび勝てるようになると、爆発的に利益が出せる**ということです。ただ、一攫千金的な博打と考えないでください。FXは博打ではなく、れっきとした投資です。正しいや

り方を身につければ、なるべくして「億」を稼げるようになります。逆に、間違ったやり方を覚えてしまうと、資産が増えるどころかすぐに大損してしまい、やがては全資産を失うことにもなりかねません。

「ちょっと甘く考えていたな」と感じた人は、この機会に適切な勝ち方を身につけてください。勝つ人は勝ち続け、負ける人はいつまで経っても勝てない世界、それがFXなのです。

┃ 後悔しないこと

FXに限ったことではなく、人は行動せずに後悔することがあります。これからの人生、後悔して終わるのは絶対に避けたいと思いませんか。大きく稼げるチャンスがあったのに、それを見逃してしまったとしたら、それはとても残念なことです。

正直なところ、将来的なお金の不安がなくなれば、人生の悩みの大半は解消されるのではないでしょうか。もちろん、お金で解決できないことはたくさんあります。でも、お金があるという安心感は、計り知れないと思います。あなた次第で、この先の将来が満足いくものになるか、そうでないかが決まります。

これまでの人生で、あなたは何かを本気で取り組んだことはありますか？　小中高と学校へ行き、大学生や社会人になってから、「これだけは誰にも負けないくらいがんばった」と胸を張っていえることがあるでしょうか。

私は20代半ばからFXに取り組み、数年間は誰にも負けないと自負できるくらい本気で取り組みました。そのときから10年近く経過していますが、**「あのとき本気でやってよかった」**と、**今現在、心の底から感じることができています。**あのときの努力のおかげで、今の生活があるのは間違いありません。もし、少しでも妥協して、本気で取り組む時期を先延ばしにしていたら、今もしがないサラリーマンのままだったことでしょう。決してサラリーマンが不幸なわけではありませんが、私にと

ってはストレスフルで楽しい人生とはほど遠い生活だと思っています。

　もし、私と同じように思う人がいるならば、人生たった一度だけでもいいので、今から本気で取り組んでください。そして、夢をかなえて幸せな人生を手に入れてほしいと思います。

短期間で億超えを実現する「正しいスキャルピング」とは?

02 | ハイリスク・ハイリターンの ための覚悟をする

　本気でFXをやろうと決意すること、それは、これから日常では経験できない精神状態を味わうことを意味します。

　FXは、ハイリスク・ハイリターンの投資です。リスクを正しく理解し、逃げずに上手につき合っていくことが重要です。そうすることで、取ったリスクに対するリターンを得ることができます。

損益変動を激しくする25倍のレバレッジ

　投資の中でも、FXは特に損益変動が激しくなります。それは、「レバレッジが25倍」まで上げられるからです（2017年10月現在）。これは、実際の資金の25倍のお金を動かせるということです。

　トレードの経験がある人は、レバレッジについては理解しているものと思います。最大が25倍というわけであって、1倍でも10倍でも好きなレバレッジを設定できます。しかし、ひとたびFXをはじめたら、誰もがそのレバレッジの力に魅了され、高いレバレッジを使ってハイリターンを目指します。

損益変動が激しく刺激的

　レバレッジが高くなると、必然的に損益の変動も大きくなります。元手の25倍のお金を運用しているのですから、損益も25倍大きくなります。

　「ある日は10万儲かったが、翌日は20万負けた。そして翌日は５万負け、その次の日に30万勝った」

　ロットにもよりますが、このような変動は毎日続きます。考えただけでも、サラリーマン生活とはほど遠い世界です。そして、損益変動が大きくなると、必ずといっていいほど喜怒哀楽が激しくなります（ただし、コツをつかむと、こうした大きな損益変動は受け入れられるようになるので、心配しないでください）。もちろん、人それぞれ受ける感情は違います。しかし、一瞬でお金が増えたりなくなったりする感覚は、今までの日常生活ではありえない精神状態になることを意味します。大勝ちして高揚感につつまれる感覚、逆に、大負けして落ち込む日、そしてまた勝ってモチベーションが高い日……これらが交互に襲ってきて、あなたの感情を揺さぶるのです。

　たった１日の中でも気分は変動します。午前は、「このままFXを続けたらどれだけ稼げるのだろう」というワクワク感があったとします。しかし夕方には、「このまま負けたらどうしよう……」という不安に襲われたりします。わずか数時間のうちに、ジェットコースターのような喜怒哀楽の変化を感じるのです。

　FXを行なううえで、これは避けられません。鋼のようなメンタルを持っている人であれば常に冷静でいられるでしょうが、そんな人は滅多にいません。

　私はこの感情を楽しんでいます。なぜ楽しめるかというと、「**期待値の高いやり方を身につけている**」からです。FXは、トレードを繰り返せば繰り返すほど、トータルの収益は期待値に収束していきます。そのため、日ベースでは負けることがあっても、月単位や年単位で見ると、

ほぼ勝てるという自信があるのです。そして、実際にそうなっています。損益変動があろうが、トータルで考えれば資産は増えていくものとわかっていれば、メンタルは維持することができるのです。

　このように、私は日々、サラリーマンのときには到底味わえなかった経験をしています。さらに、サラリーマン時代より稼げるのですから、そのよろこびも大きく、達成感も強いものがあります。それが自信へとつながり、さらに向上心がわいてくるという好循環になっています。
　FXを本気でやるにつれて、日常では経験しない感情を味わうことになります。だからこそ、自分だけの投資哲学を築くことができるのです。本気でやった人にしかわからない世界を、あなたもぜひ見つけてください。

03 | 「億」を稼ぐ思考回路に 今から切り替えよう

あなたがこれから本気でFXに取り組むのであれば、単純に「稼ぎたい」と思うよりも、「億を稼ぐぞ！」というように、金額的な目標を明確にしたほうがいいでしょう。なぜなら、人は、自分が描いているイメージ通りになるからです。「考えたことしか実現できない」といってもいいでしょう。

▌人は「こうなりたい」と考えている姿になる

思ってもいないような素晴らしい出来事が次から次へと起こり、よい人生が進むことはありません。逆に、「成功したい」と考え、相応の行動を起こした結果、本当に成功したならば、それは偶然ではなく、なるべくして成功したことになります。

もし、「億を稼ぐ」という思考になっていなければ、そこには到達できないでしょう。逆に、当然のように億を稼ぎ、億は通過点くらいに考えてください。すると、なるべくして億に到達します。

たとえば、10億円以上稼いでいるトレーダーがいたとします。周りから見たら、「すごい！」となるかもしれません。しかし本人からしたら、10億円稼ぐ行動を起こし、それを実現しただけなのです。1000万円稼

ぐつもりが、よくわからないけど10億円稼げてしまった、というまぐれはないでしょう。なるべくしてなっただけなので、至って冷静なのです。

　同じ億でも、プロセスが違います。「なれたらいいな」という願望ではなく、「そうなるのがあたり前」と思っていれば、努力を努力と思わずに自然によい投資行動が取れるのです。人は、考えていることだけ実現できます。早い段階で、レベルの高い思考回路に切り替えていきましょう。

04 なぜスキャルピングは短期間で大金を稼ぐことが可能なのか

　スキャルピング（"scalping"）は、「頭の皮を剥ぐ」というネイティブアメリカンによる語源があり、文字通り、薄い皮を何枚も剥ぐように、相場から小さな利益を取っていく方法です。1回の取引は数秒から、長くても数分といった超短時間で、これを繰り返し行なうトレードスタイルです。中には、1日に100回以上取引をするトレーダーもいます。

超短期売買だからといって視点を狭くしない

　短期売買であるがゆえに、1分足チャートを活用するのが一般的です。しかし、チャートを開いてずっと1分足だけ見ていればいいというわけではありません。長い時間軸を併用し、大局をつかんだうえで、細かい値動きを1分足でとらえることが必要です。よく、書籍やSNSで、「1分足以外は見ない」というやり方が紹介されていますが、これを鵜呑みにしないでください。本当に1分足しか見ないのではなく、長い時間足は当然に頭に入っていて、「エントリータイミング」を1分足で測っているだけ、と解釈すべきだと私は考えています。

　ただ、最終的に、あなたが独自の手法を築いたとき、1分足しか見ないトレードならそれは正解でしょう。それまでに試行錯誤をし、その結

17

果として1分足だけのよさが理解できているからです。

　しかし、スキャルピングのスキルアップをはかる現段階で、時間軸を1分だけに絞ってしまうのは危険です。1分足だけ見て売り買いしていても、やみくもなトレードになるのがオチでしょう。

最も利益が早く積み上がるトレードスタイル

　スキャルピングは、一度コツをつかむと、短期間でものすごい利益を出せるようになります。なんといっても、これは最大の魅力です。1回の獲得pipsは少ないのですが、取引枚数を上げるとそれに応じて1回の利益額は増えます。そして、取引回数の多さが、さらに資産増加を加速させます。枚数を増やして何度もサクサクと利益を取るようなイメージだと考えてください。

　私が1回のトレードで得る利益は、数千円から、多くても数万円です。しかし、数万円の利益を毎回得ているのではありません。相場次第では、数秒から数分で10万円以上の利益になることはありますが、それは大相場のときなどです。取引の多くは1回数千円の利益です。「たったそれだけ？」と感じるかもしれません。しかし、1回の取引で得る利益は少なくても、それを毎日繰り返していくと、月単位で数百回、多い月では数千回にも及びます。仮に、1回の取引利益が5000円だとしても、100回勝てば50万円、1000回勝てば500万円にもなります。毎月の取引回数を考えれば、1回数千円の利益でも十分なのです。

　このように、取引回数が多いため、利益が早く積み上がるのです。1回の利益は少ないとはいえ、一般社会では、10秒足らずで5000円を稼ぐことは不可能です。その意味では、やはり特殊な世界といえます。

トレードの期待値がすぐに結果となって表れる

　スキャルピングは数秒から数分で、トレード結果がすぐにわかります。そのため、トレード手法に期待値があるかどうか、短い期間で検証する

ことができます。仮に500回のトレードを行なうのに、スキャルピングなら数か月あればできるでしょう。相場次第では1か月かからないときもあります。しかし、デイトレードやスウィングトレードだと、1年かかるかもしれません。

そのため、そのやり方が駄目なら次のやり方を検証でき、よいものはもっと伸ばすという判断を短期間で行なうことができるのです。

たとえば、コインを投げて裏か表のどちらが出るかを検証するとします。一時的に裏、もしくは表の出る回数が偏るかもしれません。しかし、投げれば投げるほど、表と裏の出る確率は限りなく2分の1に近づきます。これは「大数の法則」というもので、トレードにもあてはまります。500回、1000回とトレードすれば、結果は期待値に収束していきます。この期待値がプラスであることが不可欠ですが、そうか否かを知るためには検証結果が早くわかるほど、時間的に有利なのです。FXをやっている人は本業を持っている人が多いかと思います。できれば時間をかけずに、たしかな手法を検証できるようになれば理想的です。

取引回数の多さはチャンスの数

期待値がプラスであれば、取引回数はチャンスの数になります。1000回トレードを行なえば、1000回のチャンスがあることになります。毎日チャンスがあれば、それを逃すわけにはいきません。期待値が高いやり方を構築しているので、やればやるほどトータルでは利益になるのです。「専業トレーダーになって毎日チャンスを手にしたい」、この考えが強くなり、私は専業トレーダーになりました。

05 | 実践的な6つの特徴

　スキャルピングは短期間で稼ぎやすい反面、もし期待値が低いトレードなら、すぐに資金をはき出してしまうリスクがあります。本来あるはずのリスクを伝えず、メリットだけ書いて「スキャルピングは儲かりますよ！」というつもりはありません。それでは、せっかくこの本を読んでくれているあなたにとって、長期的に役に立ちません。本当のことをお伝えし、その対処法を考えていきます。

メリットとデメリットを確実に頭に入れておく

　ここではスキャルピングのメリットとデメリットをそれぞれ6つずつ見ていきます。注意してほしいのは、都合よく解釈したり、マイナス要素を恐れすぎたりしないようにすることです。同じスキャルピングでも、人によって合うやり方は違います。長期的に莫大な利益を得るには、あなた自身で実践しながら、自分のやり方を構築していく必要があります。そのためにも、以下の点は確実におさえておいてください。

6つのメリット

　スキャルピングのメリットは、コツをつかむと短期間で圧倒的な利益

が得られることです。それを可能にするのが、スキャルピングの6つのメリットです。他のトレード手法にはない、スキャルピングだけのよい面です。他の手法ではなく、なぜスキャルピングなのか、その理由を正しく理解しましょう。トレードルールのさまざまな場面での意味を把握していると、より習熟度が上がります。

「スキャルピングは儲かる」という曖昧な根拠で訓練するよりも、特徴を理解してから経験を積み重ねるほうがいいのです。

① 資金をリスクにさらす時間が極めて短い
② 資金効率が圧倒的にいい
③ 精神的負担が少ない
④ 急激な相場変動に影響されない
⑤ テクニカル分析が機能しやすく分析しやすい
⑥ 好きな時間に取引できる

6つのデメリット

メリットがあれば、必ずデメリットもあります。しかし、デメリットを正しく理解して向き合えば、結果的にはメリットを最大限に享受することにつながります。

① スプレッドの影響が大きい
② 約定価格がずれる（スリッページが発生する）
③ 業者取引環境で損益が同じにならない
④ 損大利小になりやすい
⑤ 無駄なトレードが多くなる
⑥ メンタル維持が必要

21

そのトレードを1000回行なうと想定する

　たとえメリットを知らなかったとしても、利益を享受できないだけで済みます。しかし、デメリットを知らないままスキャルピングを続けると、取り返しのつかない大損をする可能性があります。つまり、メリットを知らないことより、デメリットを知らないことのほうが極めて危険なのです。

　今後、スキャルピングで成功したいと考えているのなら、いろいろなやり方を試行錯誤していくはずです。そのときに、メリットとデメリットをどのように取り入れるか、これが非常に重要になってきます。そこで、あなたが行なう1回のトレードを、1000回繰り返し行なうと想定してください。そうすると、本当にその1回のやり方が適切かどうかがわかるはずです。

　「今回だけはナンピンして何とか助かりたい！」

　もし、その1回は助かったとしても、はたして1000回連続で助かるでしょうか。このようなトレードは、いうまでもなく危険です。1000回ナンピンしたら、どこかで大損することは火を見るよりも明らかだからです。

06 | 同じスキャルピングでも やり方は十人十色

　スキャルピングに限らず、デイトレードもスウィングトレードも、万人に通用する手法はありません。あるトレーダーには合うやり方でも、違うトレーダーにはまったく合わないのは当然です。投資経験や資金量、メンタル、お金に対する価値観、性格など、すべて合致するわけがありません。

　初心者にありがちなのが、勝っている人の手法をそのまま真似しようとすることです。ただし、真似するのは悪いことではなく、むしろよい行動です。模倣は上達の初期ステップだからです。しかし、心のどこかで、「楽をして手法を手に入れたい」「手っ取り早く利益を得たい」という怠惰があるなら、それはとても危険です。このような考え方では、たとえ勝てるやり方を知ったとしても、その手法を使いこなすことは絶対にできません。勝てるやり方をインプットしたら、アウトプットしながら自分に合うように変えていくことが大切です。

▌模倣から自分だけのやり方へ

　さて、次のCHAPTERから、私が実際に日々トレードしているやり方をあますことなく紹介していきます。ただし、私の手法は数多くある相場の勝ち方において、ほんの一部にすぎません。これ以外にも勝ち方

は星の数ほどあります。そのように考えながら読み進めてほしいと思っています。

　本書で紹介するものは私自身が利益を出しているやり方ですが、もしかしたらあなたには合わないかもしれません。私がこれまでのトレード人生で、偶然このような手法にたどり着いただけで、最初からできあがっていたものでもありません。手法は試行錯誤を経て自然に構築できるもので、人から教えてもらうものではないことを理解しておいてください。

　これからお伝えするやり方で、あなたが最短で勝つための「気づき」のようなものを得ることができれば光栄です。私の知識とやり方を、あなたのトレード人生のたたき台にするつもりで読んでほしいと思います。最初は模倣でも、いずれあなただけのやり方を構築してください。

CHAPTER

2

リスクを抑え勝率を上げる「トレードルール」

07 | スキャルピングに必要な チャート設定をしてみよう

　これから、私が活用しているチャート設定をすべて紹介していきます。リーマンショックのあと、2009年に試行錯誤して構築したトレードルールのチャートです。それから8年以上も変わらずに使い続けています。最初にチャート設定を行ない、ルールについては後述します。

MT4で移動平均線とエンベロープを表示させる

　使うチャートソフトは、メタトレーダー4（以後「MT4」）です（MT4はメタクオーツ社が開発したチャートソフトです）。MT4を使う理由は、ラインが引きやすいことと、インジケータが充実している点です。使用するインジケータは、次の2つです。

① 移動平均線（Moving Average）
② エンベロープ（Envelope）

　私がFXをはじめたのは10年以上前ですが、当時、インジケータが充実していることで有名なチャートソフトがMT4でした。特に、このあと設定する「エンベロープ」を備えていて、かつチャネルラインをストレスなく引けるチャートソフトがなかったのですが、その名残で今も使

い続けています。

　トレンドラインはどこの業者のチャートソフトも使えるでしょうが、CHAPTER3でもお伝えする私が多用するチャネルラインは、現在も採用していない業者が多くあります。ラインを複製し、同じ角度で移動することで、チャート分析に磨きをかけられることもよい点です（ラインの引き方はCHAPTER3で紹介していきます）。チャート分析がスムーズにできるのでおすすめですが、MT4でなければ駄目だというわけでもありません。これから説明するチャート設定と同じものができれば、どの業者のチャートソフトを使用してもいいでしょう。

　MT4を採用している業者はたくさんありますが、私が使っているのは、「FXCM」のデモ口座です。「FXCMデモ」で検索すると、無料でダウンロードできるサイトが表示されるので試してみてください。なお、FXCMでなくても、MT4を採用している業者ならどこでも可能です。私がFXCMを使っている理由は、サーバーがしっかりしているからです。スキャルピングは、コンマ数秒の値動きが重要になってきます。FXCMはほとんどフリーズせず、値動きに敏感でティック回数も多く、タイムラグがありません。このような点から、スキャルピングに適しています。私は昔から使っている名残でFXCMを使っていますが、サーバーに問題がないMT4業者ならどこでもいいでしょう。ちなみにレート配信にタイムラグがあるMT4業者はたくさんあるので、他の業者を使うなら、レートが遅くないかどうか、値動きを比較してください。

　なお、FXCMは日本時間ではなく海外時間のため、紙面上、解説しにくい場面があります。そのため、本書に掲載する図面はFXCMではなく国内業者のMT4を使っています（時刻の表示以外は基本的に同じです）。

インジケータとパラメータの設定

　以下では、チャート設定を完了させるためのインジケータのパラメー

リスクを抑え勝率を上げる「トレードルール」

図2-1 移動平均線の設定

タを説明していきます。パラメータとは、インジケータの各種設定のことです。

　まず、MT４を立ち上げます。左上の「気配値表示」からドル円を選びます（図2-1）。通貨ペアはドル円で説明していきますが、ドル円に限らず他の通貨ペアも同じ設定になります。なお、どの通貨ペアをトレードするかは後述します。

　チャートのローソク足の色や背景色は、特に決まりがないので好きな色を使ってください。この本では印刷で見やすいようにローソク足を白黒、背景色を白で統一して説明していきます。

　次に、移動平均線を表示させます。「ナビゲーター」より、「Moving Average（＝移動平均線）」を選択します。Moving Averageは２種類あるので、注意してください。「インジケータ」→「トレンド」→「Moving Average」を選択します。「インジケータ」→「Examples」→「Custom Moving Average」のほうではないので、間違えないようにしてください。

図2-2 移動平均線のパラメータ設定

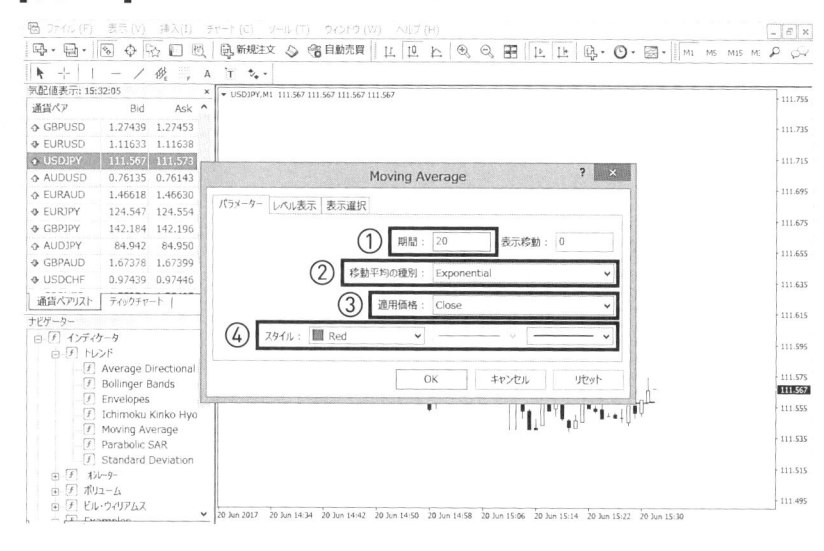

パラメータは、次の通りです（図2-2）。

① 期間を「20」に選択します。

② 移動平均の種別を「Exponential」にします。

③ 適用価格を「Close」にします。

④ スタイルは、移動平均線の色と、線の太さになります。好きなもの
　を選択してください。ここでは、赤を選択します。入力がすべて終
　わったら、OKを押してください。
　これで移動平均線の設定は完了です。

エンベロープの設定

　次に、エンベロープを設定します。移動平均線と同様に、ナビゲータ
ーから「Envelope」を選択します（図2-3）。パラメータは次の通りで
す（図2-4）。

① 移動平均線と同じです。

　期間：20

図2-3 エンベロープの設定

図2-4 エンベロープのパラメータ設定

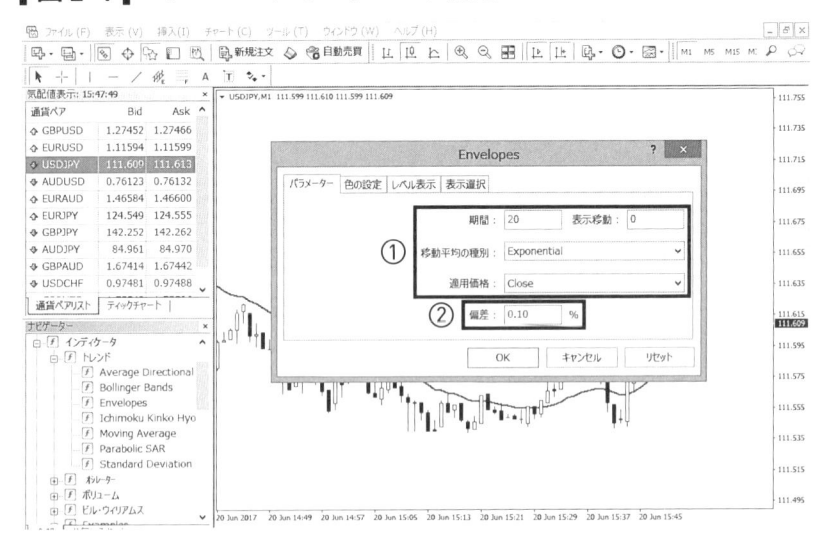

移動平均の種別：Exponential

適用価格：Close

② 偏差を「0.1％」にします。移動平均線と違うのは、この偏差です。

図2-5 エンベロープの色設定

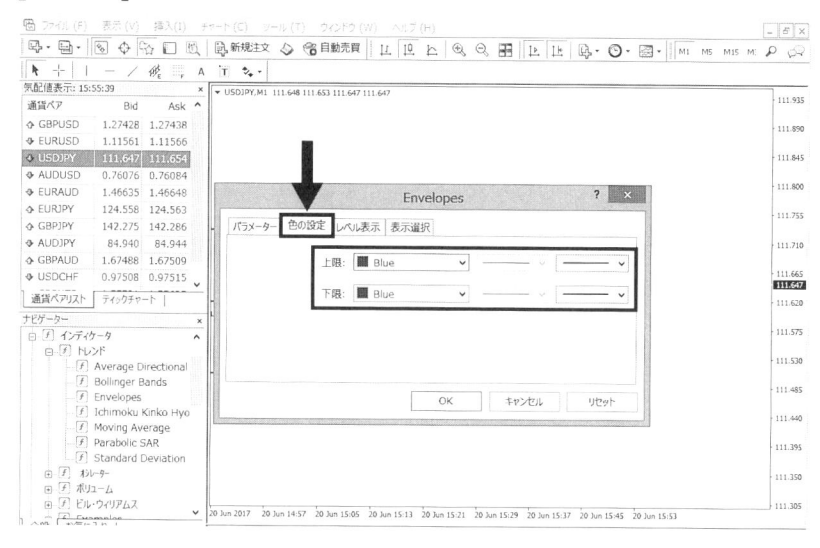

図2-6 設定されたエンベロープ

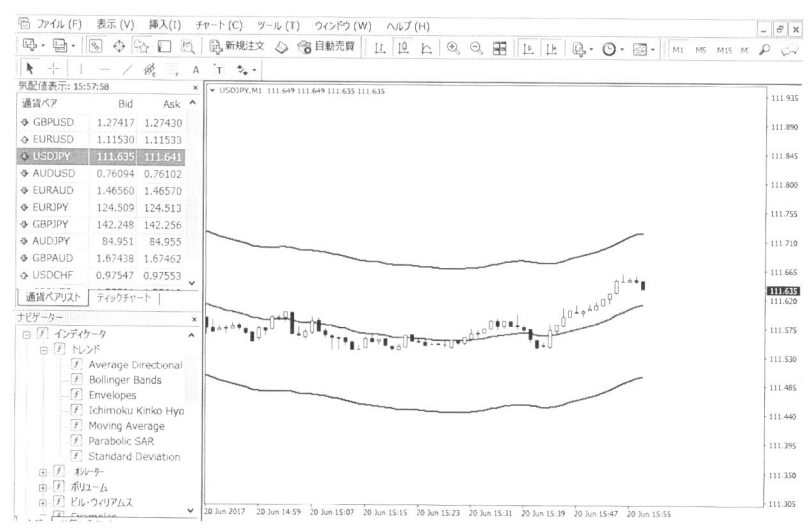

次に、色の設定をします（図2-5）。移動平均線と同様、好きな色と線でかまいません。ここでは、青を選択します。選択したら、OKを押してください。設定すると図2-6のようになります。

真ん中の線が移動平均線で、その上下にエンベロープが表示されました。偏差を0.1％としましたが、移動平均線から0.1％の価格差で、上下に表示されているということです。

　次に、エンベロープを5つ追加していきますが、偏差の数字を5種類変えるだけです。パラメータは、それぞれ次の通りで、偏差以外は先ほどの設定と同じです。偏差を、それぞれ以下の数値にしてください。なお、色と線の種類は、好きなものを選択してかまいません。

0.15%　0.2%　0.25%　0.3%　0.4%

　最初に0.1％を設定したので、合計6つのエンベロープが設定できました。完了すると図2-7のチャートになります。もし、上下にエンベロープが隠れてしまう場合は、チャートの右端の目盛り部分を左クリックしたまま上下に動かすと、チャートの縮尺が変更できます。チャートは至ってシンプルではないでしょうか。

▎図2-7▎移動平均線を中心に上下に6つのエンベロープを表示

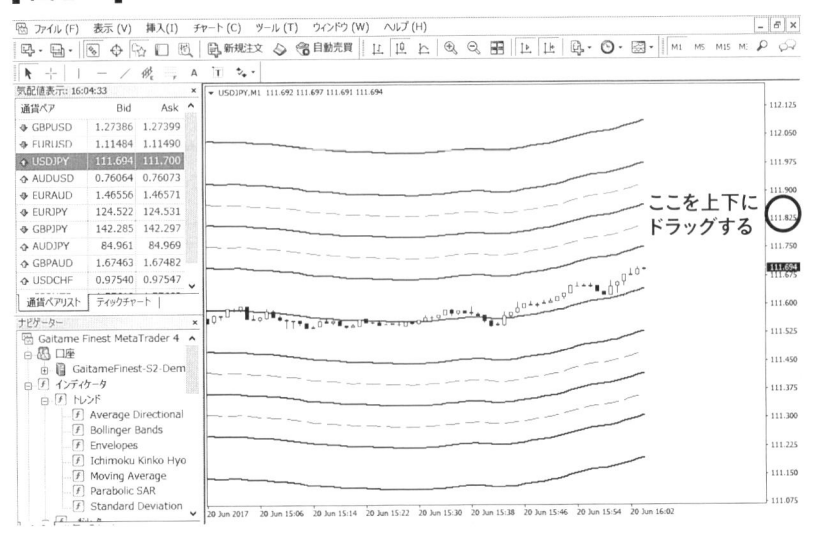

　これから売買ルールを説明していきますが、その前に、移動平均線とエンベロープの特徴を理解しましょう。ただ使い方だけを説明されても、インジケータのよさがわからないからです。

移動平均線は価格のすべてを表している

　移動平均線は、一定期間の終値の平均値をつなぎ合わせて線にしたものです。先ほどの設定では、移動平均線の期間を20にしましたね。これは、ローソク足20本分の「終値の平均値」になります。移動平均線をチャートに表示することで、ローソク足だけで見るよりも、相場の流れがわかりやすくなります。

　ローソク足は、いわば棒グラフです。例えば1分足であれば、ある1分の間に、相場がどのような動きをしたのかを正確に判断するために使います。

　一方、移動平均線は、いわば線グラフです。ローソク足1本1本の細かい動きではなく、20分間などの一定期間内での相場の動きが一目でわかるように作られたものです。つまり、ローソク足は相場の現在値、移動平均線は過去を含めた相場の平均値を表しています。移動平均線を表示することにより、現在と過去をくわしくとらえることができます。

　移動平均線の計算方法は、3種類あります。

① 単純移動平均（SMAまたはMA）
② 加重移動平均（WMA）
③ 指数平滑移動平均（EMA）

　私は、③指数平滑移動平均（以下「EMA」）を好んで使っています。なぜならEMAが一番トレーダーに使われているからです。多くのトレーダーが使っているということは、みなEMAをとても意識しているということなので、チャート分析においても有効に機能するはずです。そうはいっても、SMAもWMAも同じ移動平均線であり、ほとんど差は

ありませんし、EMAでなければ勝てなくなるということはありません。特にSMAやWMAを使う理由がないなら、EMAにするという程度です。それぞれ、簡単に違いを説明しておきます。

① 単純移動平均＝Simple Moving Average

　文字通り、ある一定の期間の終値を単純に平均した数字で作られている移動平均線です。

② 加重移動平均＝Weighted Moving Average

　5日加重移動平均線の場合、5日目の価格を5倍、4日目の価格を4倍、3日目の価格を3倍、2日目の価格を2倍にして計算しています。こうすることで、単純移動平均よりも、直近の価格に重点を置いた分析ができるようにしています。

③ 指数平滑移動平均＝Exponential Moving Average

　直近の価格を2倍にして計算したものです。5日EMAの場合、5日目の価格を2倍にして4日目のEMA×4と合計し、6で割ったものです。そのため、単純移動平均や加重移動平均線と比べて、より直近の価格に重点を置いたものになっています。

　特別なこだわりがなければ、EMAを使うことをおすすめします。他の移動平均線でもかまいませんが、ちょっとしたタイミングはずれるかもしれません。ただ、基礎さえできれば、少し検証することで、その移動平均線に合わせたルールに仕上げることはできるでしょう。

　また、期間を20に設定しましたが、21や22では駄目でしょうか？そんなことはありません。期間は、どんな数字でもかまいません。数字を1変えるだけで、ルールが変わって勝てなくなるということはありません。ただ、短期移動平均線でメジャーな数字は、20か25です。25でもいいと思いますが、私はずっと20を使ってきたので、設定もそうしています（20と25を比較した結果、25は使えない、ということではあり

ません）。数字が少し変わって勝てなくなるというのは、そもそもインジケータに踊らされているだけで、自分が使いこなせていない証拠です。

エンベロープは移動平均との乖離幅を測るのに最適

次に、エンベロープについてくわしく見ていきましょう。

エンベロープは、日本語で「封筒」や「包み込む」という意味です。その名の通り、移動平均線の上下に一定の乖離幅を持たせて表示する「線」です。いわば、移動平均線を上と下で、常に包み込んでいる線になります。チャート設定のパラメータは、偏差を除いて移動平均線と同じでしたね。移動平均線が上昇していけば、まったく同じ角度でエンベロープも上昇していきます。つまり、移動平均線と常に同じ動きをし、偏差が乖離幅ということです。

エンベロープのよさは、「移動平均線との乖離幅」がパッと見てすぐわかるところです。設定でエンベロープを6本表示しましたが、1本ではなく何本か表示することで、移動平均線との乖離幅が「視覚的に」わかります。

この「視覚的に」という点が、とても重要です。チャートを見たときに、人はまず目に入る情報を取り入れようとします。チャートには出ていない行間を読むような分析をしなければならないと、とても大変ですよね。ですが、エンベロープを表示しておくことで、簡単に相場環境がつかめるのです。これが、長く続く秘訣でもあります。労力を使う手法では、それが勝てるやり方だとしても、疲れて嫌になってしまうものです。ですから、効率よく簡単に、一目でチャートから情報を得られるかどうかが重要なのです。

なお、「移動平均線との乖離幅」は、本スキャルピング手法の根本方針になります。38㌻からくわしく紹介するので、ルールを読んでから、なぜこのチャート設定がいいのか、改めて考えてみてください。

08 | チャートソフトと発注する口座は別々の業者に

　チャートソフトはMT４を使いますが、実際に発注を行なう業者は、MT４ではありません。MT４はデモ口座で十分だとお伝えしましたが、別の業者に注文するためです。

発注におすすめな４つの業者

　なぜMT４で注文をしないかというと、MT４はスキャルピング向きではないからです。スキャルピングの注文で重要な点は３つあります。それは「スプレッド」「スリッページ」「約定スピード」です。MT４を採用していない国内の大手業者なら、この３つを満たしている業者は多くあります。ただし、万人に完璧な業者はないので、たくさん口座を開いて使いこなし、比較してみるといいでしょう。

　本書では、業者を細かく比較することはしません。現時点で、私が使っている業者のみ紹介します。次の４つの業者です。

・ヒロセ通商
・JFX
・SBI FX

・トレイダーズ証券

スプレッドが開くタイミングが業者ごとに異なる

　私はこの4業者を状況に応じて使い分けています。ポイントは、スプレッドの拡大です。経済指標時や高安値ブレイク時は、スプレッドが一時的に開くことがよくあるのですが、開くタイミングが業者により異なります。

　たとえば、A業者が一時的にスプレッドが拡大しているとき、それを知らずにエントリーすると、スプレッド拡大分は損失となります。一方、B業者ではその間スプレッドは拡大していないときがあります。経済指標は、あらかじめ何時何分に発表などと時間がわかっていますが、高安値ブレイクは業者によってタイミングが異なったりするため、スプレッドの扱いが異なります。ここが差になってくるのです。

　スキャルピングは数pipsを取るやり方なので、スプレッドが広いと勝てるものも勝てなくなります。**スプレッドが拡大していない業者を選んでエントリーすることも重要になります。**エントリーのたびに、「スプレッドをチェックするなんてできない」と感じる人もいるでしょう。でも、安心してください。このようなときに拡大する、という業者の癖はわかりやすく、やがて気にならないようになります。まず、これから紹介するトレードルールを参考にし、スキャルピングを試してみてください。

　また、1分足スキャルピングのコツをつかむまでは、発注もデモ口座で試してみることをおすすめします。先ほどの4つの業者の中にもデモ口座を用意しているところがあります。自信がつくまでは、まずはデモトレードでスキルを磨いていってください。

09 | エントリーからイグジットまでの具体的なルール

　ここからは、具体的なトレードルールを紹介します。

　最初にすべてのトレードルールを紹介しますが、なぜそこでエントリーするのか、また、自分だったらここではエントリーしない、などのように、疑問に思うことがほとんどだと思います。しかし、私がエントリーするときは、それなりの理由があります。機械的にトレードポイントを覚えるよりも、「なぜここでトレードするのか」という理由を理解するようにしてください。次のCHAPTERで、トレードポイントになる理由をくわしく説明していきます。本CHAPTERでルールを説明し、次のCHAPTER以降で、このルールが「なぜ機能するか」について、書いていきます。次のCHAPTER以降を最後まで読んだあと、本CHAPTERのトレードルールに戻って繰り返して読んでもらえば、トレードルールを納得してもらえるものと思っています。

エンベロープを５つのゾーンにする

　まず、設定したエンベロープを見やすくするために、５つのゾーンに分けます。図2-8のチャートを見てください。移動平均線を中心として、上下に５つの空間がありますね。

　この①から⑤までの空間（ゾーン）が重要です。これが私のルールの

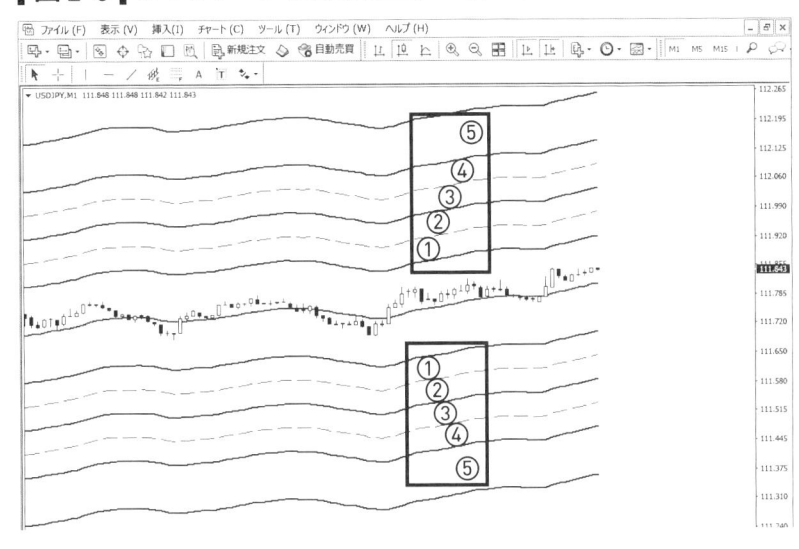

図2-8 5つのゾーンに分けたエンベロープ

基本で、この「ゾーン」を基にエントリーをしていきます。ゾーン①②③④⑤は、これから頻繁に出てきますが、本スキャルピング手法（以下、「1分足スキャルピング」）で最も重要なものだと考えてください。

　相場は、レンジ→トレンドの繰り返しです。これは日足でも15分足でも、そして1分足でも同じです。私の手法は、**レンジ相場ではなく、トレンド相場のときにエントリー**していきます。まず、レンジのときは、図2-8のチャートのように、移動平均線の上下を行ったり来たりして、方向感がありません。そして、トレンドが出はじめる、もしくは一過性の値動きがあると、移動平均線から乖離しはじめます。移動平均線から、ローソク足が離れていくということですね。図2-9のチャートを見てください。Aのところでゾーン①に入っています。

　このように、トレンドが出はじめると、エンベロープのゾーンに入ります。そして、ゾーンに入ったら、エントリーチャンスの到来です。

図2-9 「売り」と「買い」のエントリーのタイミング

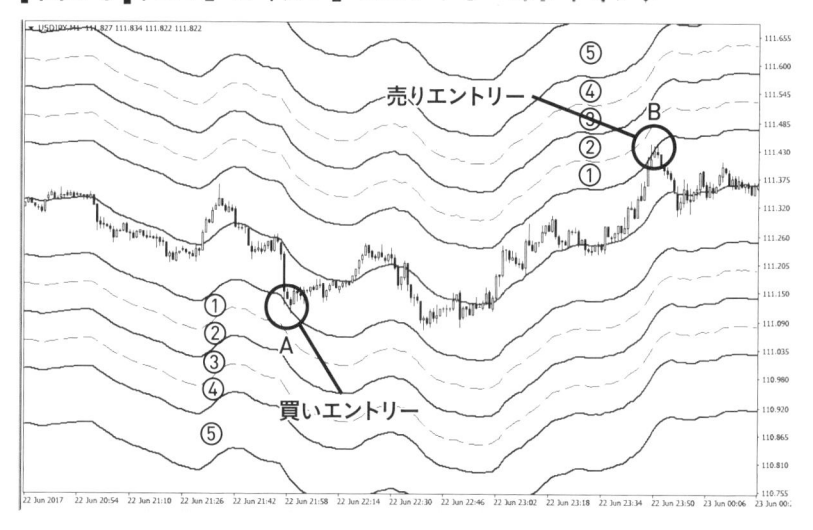

手法は1分足レベルでの「逆張り」

1分足スキャルピングは、1分足レベルでの逆張りになります。エントリーの際、他の時間軸のトレンドは考慮せず、1分足のみで逆張りのエントリー判断をしていきます。

では、ルールを見ていきましょう。

移動平均線から乖離すると、ゾーン①に到達します。これは、図2-9のチャートのAで確認しました。このように、ゾーン①に入ったら逆張りをします。**移動平均線より下限のゾーンに入ったら買い、上限のゾーンに入ったら売り**ということです。図2-9の左側のAでは「買い」、右側のBでは「売り」のポイントになります。

ただし、ゾーンに入ったらすぐにエントリーするわけではありません。いつエントリーしてもOKですよ、というサインであり、すぐにエントリーしなさい、という意味ではないということです。実際の**エントリータイミングは、「反転を確認してから」**になります。この反転は「ヒゲ」で確認します。

図2-10 ┃ 反転は「ヒゲ」で確認する

①
②
③
④

ヒゲが出たらエントリー！

　くわしく見ていきましょう。図2-10は違う場面でローソク足を拡大した1分足チャートです。

　まず、ローソク足がゾーン①に入ったので、エントリー準備をします。そして、このチャートのように、ヒゲが出現した瞬間に「買い」で入ります。ローソク足の確定を待ち、次の足の始値で入ることはしません。**ヒゲが出た瞬間に、ローソク足の実体が動いている段階で入ります。**

　なぜヒゲの出現を待つのか、つまり、なぜ反転を確認してからエントリーするのでしょうか。ゾーン①に到達した瞬間にエントリーすれば、天底をとらえることができ、利益を伸ばせそうな気がしますね。しかし、これは危険です。ゾーン①に入ったということは、ローソク足がまだ伸びはじめた段階です。伸びているときヒゲを確認せずにエントリーすると、そのまま逆行するリスクがあるのです。ゾーン①に入り、そのままゾーン②や③に到達し、ようやくゾーン④でヒゲが出るかもしれません。この間、わずか数秒のときもあるでしょう。もしゾーン①でエントリーしていたら、数秒で相当な含み損を抱えることになります。そこで、ローソク足が伸びきって止まり、反転する瞬間まで「待つ」ことが重要に

なります。そうすることで、ゾーン④まで引きつけてエントリーすることができます。

　図2-10のチャートは、ヒゲが出現したのがゾーン①であった、というだけです。ローソク足が、**ゾーン①に入ったら必ずエントリーするわけではないので、注意してください。エントリーするのは、ゾーン①に入り、かつ、ヒゲが出たときです。**

　このように、ゾーンに入っても、エントリータイミングは常にワンテンポ遅れるもの、と覚えてください。上昇の場合、上昇している最中に「売り」をやっては駄目ということです。上昇して下げはじめたら、売ります。逆に下降の場合は、下降して上げはじめたら買います。順番としては、ゾーン①に入る→エントリーの準備→ヒゲを確認→エントリーという流れです。

利食い損切りはプラスマイナス2pips

　次に、決済のタイミングです。

　目安は、プラスのとき（利益確定）も、マイナスのとき（損切り）も、2pipsが目安になります。正確に2pipsではなく、目安として考えてください。数秒～数十秒単位のスキャルピングなので、決済は数字で決めるべきではありません。あくまでも、プラス方向へ伸びたらすぐに決済する、逆に、逆行したら損切りを即行なう、というイメージです。それは、1.5pipsでも、2pipsでもかまいません。このあたりは少し経験を要しますが、チャートを見て判断します。いつも2pipsと決めてしまうと、相場とは関係なく数字でトレードすることになってしまいます。エントリーはチャートで判断したのに、イグジットは数字で決めるのは変ですよね。エントリーからイグジットまで、すべてチャートを見て判断するようにします。

　また、FXには必ずスプレッドがあります。そのため、エントリーし

たら必ずマイナスからスタートします。損切りの場合、スプレッドを含めてマイナス2pipsなのか、スプレッドは含めないでマイナス2pipsなのかなど、疑問が出てくるかもしれません。しかし、数字で決めるから疑問になるのであり、スプレッドに関係なく、逆行したら損切りすると理解してください。業者によりスプレッドは異なりますし、通貨ペアによっても大きく変わってきます。利食い損切り幅の2pipsは、あくまでも目安になります。なお、目安2pipsは、ゾーン①での数値です。ゾーン②～⑤については目安を変更します（54ページで説明します）。

さて、これでゾーン①でトレードが完了しました。ゾーン①でエントリーしたものを決済したあと、ローソク足の動きは、次のうちどちらかになります。

・移動平均線に戻る
・ゾーン②に到達する（トレンドが継続する）

それぞれ戦略が異なるので、順番に見ていきましょう。

まず、「①移動平均線に戻る」場合のルールを説明します。図2-11のチャートでも、移動平均線に戻っていますね。

移動平均線に戻るということは、トレンドが終了して「レンジ相場」になる場合と、下降トレンドの場合なら、一時的な「戻しポイント」になる場合があります。どちらにしても、そこで、同じルールで再開します。またゾーン①に到達したら、これまで説明したルール通りトレードします。ゾーン①に到達してヒゲが出現したらエントリーですね。決済の目安は変わらず2pipsです。

この手法は、「移動平均線からの乖離」が基本になります。移動平均線に戻ったというのは、起点に戻ってきたことを意味します。乖離したら戻り、また乖離するという繰り返しになります。

次に、移動平均線に戻らず、ゾーン②に到達した場合を見ていきます。

図2-11 ゾーン①に到達後、移動平均線に戻る

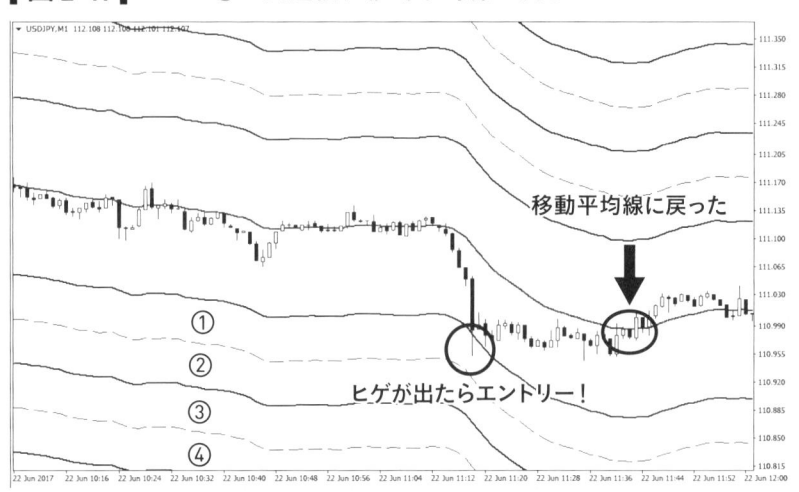

移動平均線に戻った

ヒゲが出たらエントリー！

図2-12 移動平均線に戻らずにゾーン②に到達する

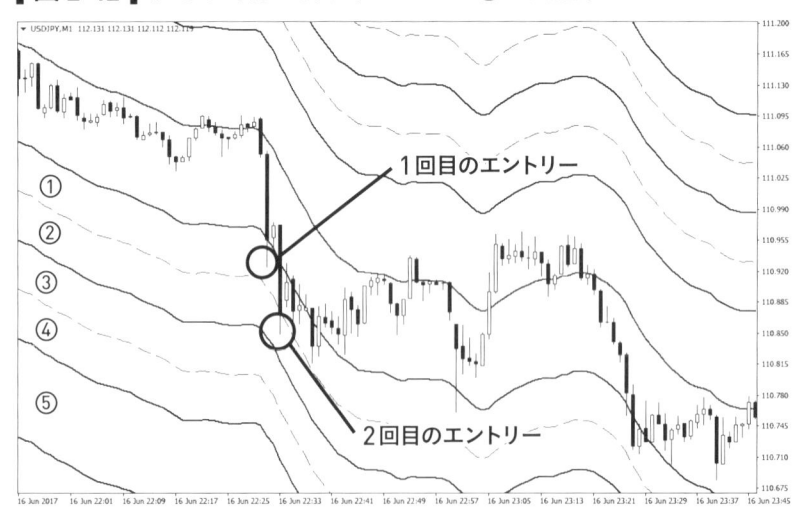

1回目のエントリー

2回目のエントリー

　たとえば、図2-12のような相場です。ゾーン①で1回目のトレードが完了し、移動平均線に戻らずに下落すると、トレンド継続になりますね。1回目のトレードは、一時的な反転を狙います。

1回目が完了し、その後ゾーン①の安値をブレイクしてゾーン②に到達しました。ここで、再び逆張りで「買い」エントリーをします。相場は安値更新して一時的に反転し、また安値更新して反転します。これが相場の基本的な仕組みです。エンベロープのゾーンは、この反転するタイミングを示してくれます。エントリータイミングはヒゲの出現なので、ゾーン①と同じ考え方です。ゾーン②に到達し、ヒゲが出現したらエントリーします。ゾーン②に入ったら同じように即エントリーするのではなく、ヒゲの出現を待ちます。**ゾーン②を突き抜けて、ゾーン③にいくこともあるため、反転のサイン（ヒゲ出現）を必ず待ちます。**

では、ゾーン②でトレードが完了したあとを考えてみましょう。

トレードしたあとの価格は、移動平均線に戻るか、ゾーン③に到達するかのどちらかになります。したがって、以後の流れはゾーン①のときと、同じになります。

図2-13のチャートを見てください。ゾーン②でトレード完了したあと、移動平均線に戻っています（図2-13のA）。そのため、また1から

図2-13 ゾーン②でトレード完了したあとは？

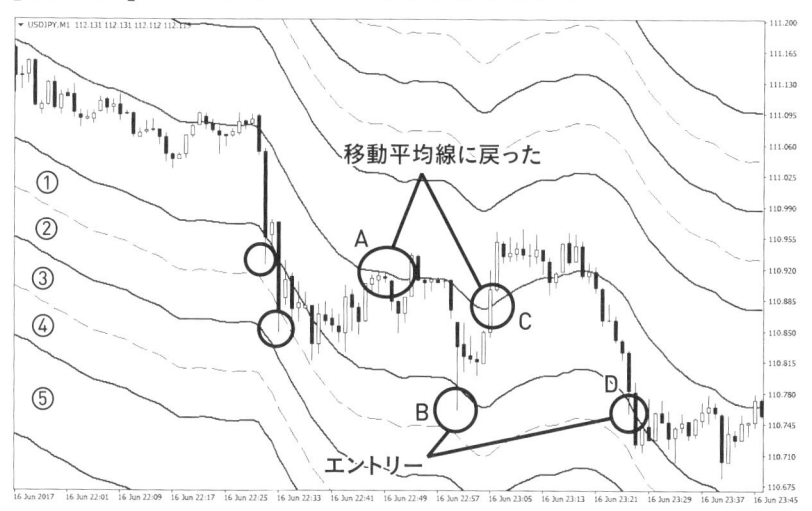

スタートです。つまり、Bのゾーン①でエントリーを開始します。そして、Cで移動平均線に戻り、Dではまたゾーン①でエントリーをするのです。「移動平均線から乖離してまた戻る」、この繰り返しになるということを頭に入れておいてください。

連敗を防ぐゾーンの使い方

　図2-14ではゾーン①でトレードしたあと、ローソク足が何本もゾーン①をじりじり推移していますね。このようなときは、最初の1回だけしかトレードしません。次のゾーンに到達するのを待つ理由は、じりじり相場を避けるためです。**同じゾーンで何度もエントリーしていると、このようなじりじり相場のときに、必ず連敗します。**仮にゾーン①に入ったローソク足1本ずつにエントリーすると、10連敗くらいになりかねず、これは防がなければなりません。そして、じりじり動くことはよくあります。損切りして取り返したいからといって、同じゾーンで何度もエントリーすることは危険です。

　ゾーン①でトレードしたあとは、移動平均線に戻る、もしくはゾーン

図2-14 ゾーン①にとどまっているときはエントリーしない

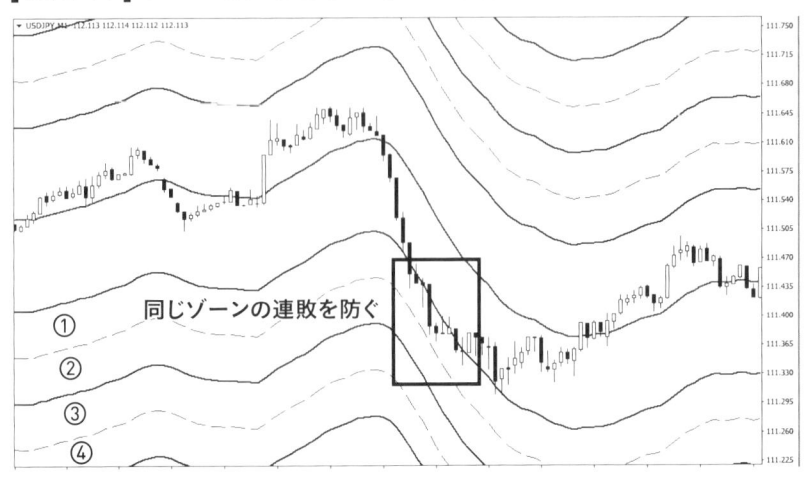

図2-15 ゾーン②でトレードしたらゾーン①ではエントリーしない

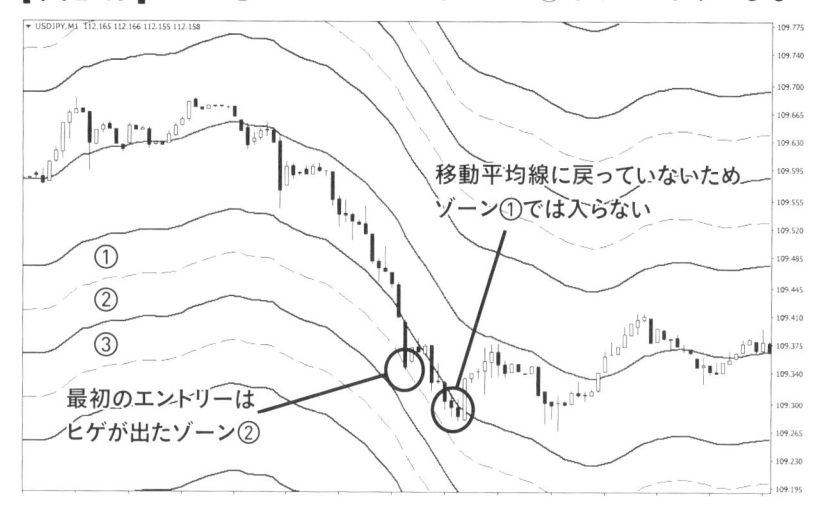

②に到達するまで待ってトレードする、のどちらかです。同じゾーン①にあるにもかかわらず、何度もエントリーすることはないということを覚えておいてください。

図2-15のチャートでも同じです。ゾーン②でトレードしますが、そのあと移動平均線に戻っていないため、ゾーン①に戻ってもエントリーしません。

ゾーン①から⑤まで同じ使い方

ゾーン③以降も同じ考え方です。ローソク足をさらに拡大して見てみましょう。

図2-16を見てください。この相場では、ゾーン①→③→⑤と進んでいます。ヒゲが出るまで待つので、ゾーンを飛ばすこともよくあります。**あくまでもヒゲが出るのを待つのが重要であって、ゾーンにきたからすぐにエントリーするのではありません。**ゾーン①→②→③→④→⑤のように、きれいに相場が動くことのほうが珍しいのです。「外側のゾーン＋ヒゲ」が条件になり、どのゾーンになるかは、相場次第になります。

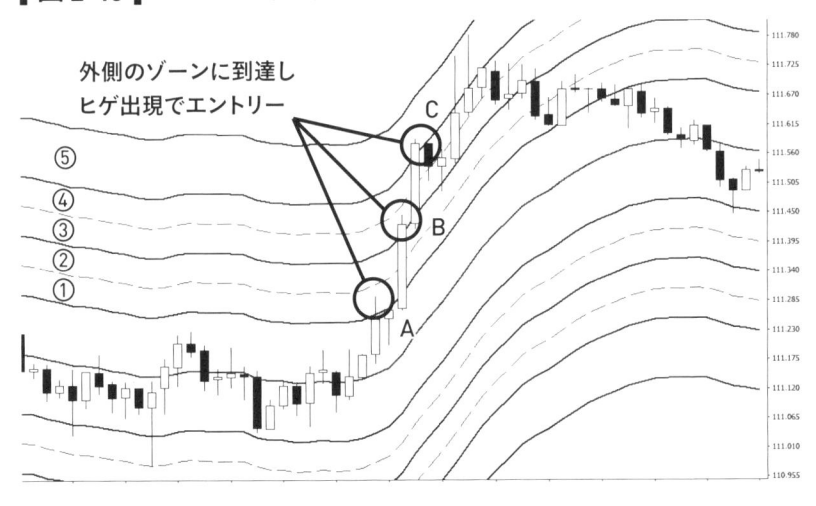

図2-16 ゾーンを飛ばすこともある

外側のゾーンに到達し
ヒゲ出現でエントリー

　ここで、図2-17の矢印の箇所を見てください。もしここでエントリーしていれば、利益になると思いませんか。長い上ヒゲになっていますからね。でも、同じゾーンでは再エントリーしないルールでした。なので、ここは見送ります。ゾーン⑤まできたら、あとは移動平均線に戻るまで待つのです。ゾーン⑤まで到達するということは、相場が荒れて乱高下している状態なので、移動平均線に戻ったとしても、チャンスはすぐに到来するでしょう。もしトレードするなら、ゾーンだけで判断するのではなく、他のテクニカル根拠が必要になります。その場合の策として、CHAPTER3では「ネックライン」を引いて総合的に判断する方法を紹介します。

　ここまでが、エントリータイミングの基本です。

図 2-17 ゾーン⑤まできたら移動平均線に戻るまで待つ

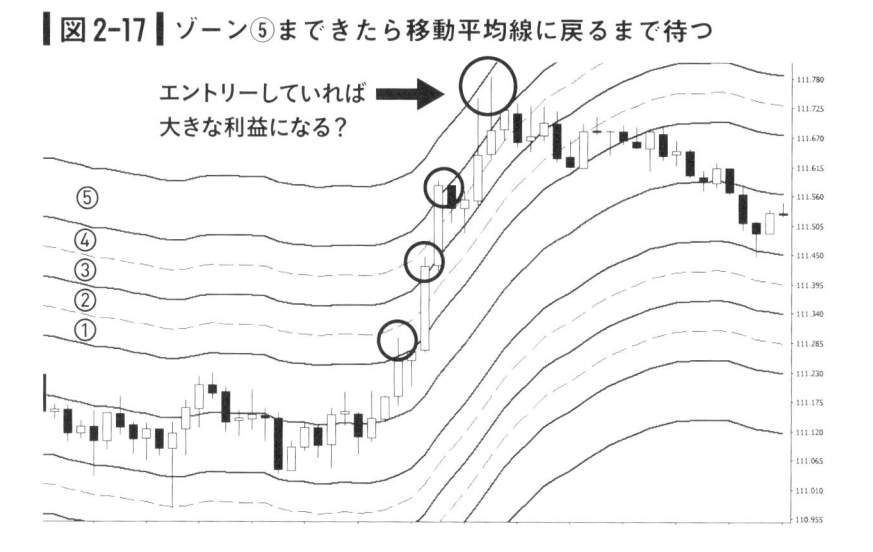

エントリーしていれば
大きな利益になる？

⑤
④
③
②
①

10 | 「移動平均線から乖離したら戻る」という原理原則

　この手法の土台は、「移動平均線から乖離したら戻る」という考え方です。波は寄せては返しますが、それと同じです。ときには大波が押し寄せますが、しばらくすると落ち着き、また静かな海が戻ります。トレンドが発生すると、移動平均線から乖離しはじめるのですが、一時的に反転します。そしてまた乖離し、反転を繰り返します。これが「相場の波」といわれるもので、この反転するタイミングを狙うのが私の手法です。

　もし、相場に押し戻しがなければ、本手法のような逆張りは通用しないでしょう。しかし、相場は一方向へ進み続けることはなく、必ず押し戻しのような一時的な反転があるものです。それが相場の仕組みであり、それはこの先も変わらないでしょう。

「相場は押し戻しがある」という概念を理解する

　このように、手法の根底となる仕組みを理解しているからこそ、逆張りに自信を持てるのです。ただ単に、エンベロープのゾーンに入ったから逆張りをするというだけでは、あまりにも根拠が少なすぎます。それでは、エンベロープが機能するかどうかで損益が決まってしまい、勝ち続ける手法とは思えません。ちょっと相場が変化しただけで、エントリ

ータイミングもかみ合わなくなります。

　聖杯といえるインジケータが存在しない以上、判断をすべてインジケータに委ねているようでは、トレードで勝ち続けることはできないのです。

　「移動平均線から乖離したら戻る」という概念が土台にあり、エントリータイミングをエンベロープで測っているだけです。つまり、重要なのはエンベロープではなく、概念です。この概念がしっかりしていれば、基本のルールに自信が持てるのはもちろん、ルールを逸脱したケースでも応用が可能になります。

　次のCHAPTER以降、必要な知識の他、応用編を説明していきますが、「相場は押し戻しがある」という概念をしっかり理解できていなければ、ルールを逸脱することに不安を覚えるでしょう。すがる思いでエンベロープを使うのではなく、たまたま使っている程度で考えてもいいと思います。移動平均線からの乖離を見るのに、エンベロープが見やすかったという程度です。「他にいいインジケータがあれば、エンベロープは使わなくてもいい」という考えすらあります。それは、「相場は移動平均線から乖離したら戻る」という概念が最も重要だからです。

ローソク足はバネと同じで伸びたら縮む

　移動平均線から乖離して反転するといっても、なかなかイメージしにくいかもしれません。そこで、ローソク足を「バネ」として考えてみてください。バネは伸びたら縮むように、バネの大きさがトレンドの大きさです。大きなトレンドなら値幅が出て、乖離幅も大きくなります。その分、反転も大きくなります。大きなバネほど長く伸びる反面、縮み方もより大きくなりますよね。

　これはどの時間足でも同じです。1分足なら伸びたローソク足は1分の中の動きということになります。1時間足なら、1時間かけてロ

ソク足が伸びている（トレンドが出ている）ということになります。1時間足は、1分のローソク足が60本です。60本のバネを足して、1時間足という1本のバネを形成しています。このように、相場はマルチタイムでとらえるとイメージしやすいのです。

　ただし、伸びたバネは100％縮むわけではありません。限界を超える力が加わると伸びたまま戻らないように、トレンドが強いと戻らないことがあります。伸びたら縮む確率のほうが高いのですが、バネが壊れるという表現は変かもしれませんが、ときには伸びたまま硬直してしまうことがあります。

　あくまでも、通常の相場では伸びたら縮むもの、と考えてください。相場に100％はないことを意味し、逆行したときの損切りは絶対に行なうべきだという教えにもなります。

11 | 攻めの資金管理

これまで説明したトレードルールだけでも期待値は高いのですが、これに資金管理を加えることで、全体としてトレード手法のレベルがぐんと上がります。紹介してきたルールでトレードし、100万円勝てるとしたら、ここで資金管理を加えることにより、それが120万円にも150万円にもなってきます。すると、同じ相場でも、最大限の利益を追求できるようになります。

期待値の高い3つの視点

トレードは、角度の違った期待値の高い視点を組み合わせることで、強固な1つの手法になります。ポイントは次の3つです。

① 利食い損切り幅
② 勝率
③ 取引枚数

すべて、エンベロープの5つのゾーンと連動した資金管理方法です。どんな相場でも最大限の利益に変えてしまう、いわば魔法の資金管理方法です。ぜひ活用してください。

外側のゾーンで利益を伸ばす！

　まず、「①利食い損切り幅」についてです。

　ゾーン①では、決済の目安は±2pipsでした。では、ゾーン②から⑤についてはどうすればいいのか、見ていきましょう。本手法の土台となっているのは、移動平均線からの乖離です。乖離したら反転しますが、ゾーンによって反転の値幅が違います。乖離すればするほど、その反転する力も強く、値幅も出るようになります。そのため、**ゾーン②から外側にいくに連れて、利食い損切り幅を伸ばします**。図2-18を見てください。

｜図2-18｜ ゾーン①〜⑤の勝率、資金量、利食い損切り幅

	勝率	資金量	利食い損切り幅
ゾーン①	60%	10万通貨	2pips
ゾーン②	65%	20万通貨	3pips
ゾーン③	70%	30万通貨	4pips
ゾーン④	75%	40万通貨	5pips
ゾーン⑤	80%	50万通貨	6pips

　ゾーン①では2pipsでしたが、ゾーン②では3pips、ゾーン③では4pipsというように、外側にいくにつれて1pipsずつ伸ばしていきます。移動平均線からの乖離幅が大きいほど反転する値幅も出るため、仮にゾーン⑤のときに2pipsくらいで利食いしてしまうと、非常にもったいないのです。ゾーン①のときは、移動平均線からの乖離はせいぜい10pipsから20pips程度でしょう。反転する値幅も、数pipsくらいですね。ここで、5pipsや6pipsを狙ってしまうと、勝率が相当悪化します。一方、ゾーン⑤になると、移動平均線からの乖離は40pipsから50pipsはあります。短時間でこれだけバネが伸びれば、縮む力と値幅も大きくなります。それに合わせ、利食い幅を伸ばすことが重要になります。

　損切り幅も同様に伸ばしますが、「損切りは2pipsのままで、利食い幅だけ伸ばせばよいのではないか？」と疑問に思うかもしれません。実際にトレードしてみるとわかるのですが、ゾーン①での値動きは比較的穏やかで、上下にブレがありません。しかし、外側のゾーンにいくほど、値動きが激しくなっていきます。乱高下すると、上下のブレが大きくなり、ダマシも増えてきます。いつも2pipsで損切りしてしまうと、すぐに引っかかってしまい、損切り貧乏になってしまうのです。損切りしたあとに、思っていた方向へ反転しはじめるという悔しい思いが増えることになります。「あと数pips我慢していればよかった……」となるよりも、**利食い幅と同様に、損切り幅も伸ばします。こうすることで、乱高下のブレを回避していきます。**

　利食い損切り幅は、常に１対１にしておきます。これを、リスクリワード比率といいますが、１対１をキープしておけば、あとは相場本来の反転する確率に期待値は収束します。外側のゾーンほど反転する確率が高くなる、つまり、トレードの勝率が上がることになります。

外側のゾーンほど勝率が上がる！

　この勝率については、再び図2-18を見てください。ゾーン①では60％ですが、外側のゾーンにいくほど移動平均線から乖離するため、戻ろうとする力も強くなり、結果として勝率が上がります。

　ゾーン⑤では、勝率は80％を超えてきます。したがって、勝率が高いときに、しっかりと利食いを伸ばすようにします。そうすると、勝てるときに大きく勝つことができ、その後のトレードに余裕が出てきます。相場と時期により多少前後しますが、私はこの手法で８年以上トレードしていますが、勝率は変わりません。

外側のゾーンほどロットを張る！

　以上のような特徴を理解すれば、外側のゾーンへいくほど勝率が高く、

獲得pipsも大きくなります。さらに取引枚数を増やすことで、爆発的に利益も増えるようになります。

　再度、図2-18を見てください。たとえば、ゾーン①で10万通貨を基準とした場合、ゾーン②では20万通貨、ゾーン③では30万通貨というように、ゾーンごとに10万通貨ずつ増やしていきます。ゾーン①から⑤まで、最大5倍の枚数を張ることを考えてください。ただ、ゾーン①で10万通貨、ゾーン⑤が100万通貨のように、差をつけすぎてしまうのは、あまりおすすめしません。なぜかというと、倍率が大きすぎると、ゾーン⑤の全体に対する割合が大きくなってしまうからです。そうなると、ゾーン①や②でトレードしても、ほとんど利益に貢献せず、結局ゾーン④や⑤でトレードした分だけが利益になります。これでは、ルールそのものを、ゾーン④と⑤に到達したときだけエントリーする、としたことと変わりありません。ゾーン①②③は、枚数が少なくて勝っても儲からないから、トレードしなくても同じということになります。しかし、ゾーン①②③はコンスタントに儲けるという観点から重要なのです。

　一方、ゾーン①で10万通貨とし、ゾーン⑤で15万通貨までしか増やさないと、シグナルが一番多いゾーン①の利益だけが、全体に対して割合が大きくなります。せっかく外側のゾーンへいくほど勝率も上がり、pipsも抜けるのですから、もう少しメリハリをつけてロットを増やしたほうがいいでしょう。過去の経験則から、**ゾーン①から⑤まで、5倍の差をつけるのが一番儲かります。**

　とはいえ、絶対に5倍にしたほうがよくて、4倍や6倍では駄目なのでしょうか？　そんなことはありません。たとえば4倍や6倍にしても、相場にもよりますが収支はあまり変わらないでしょう。ただし、10倍を超えていると差がありすぎます。かといって、キリのいい数字でないと、現実的に注文するときに計算が難しくなります。その意味でも5倍がおすすめです。

　このように、場面に応じてロットを変えることに抵抗がある人も多い

と思います。倍にするのは怖いかもしれません。そのような人はすべて同じロットでもいいと思います。同じロットで、いろいろなゾーンでトレードし、感覚をつかんでください。いずれ、ゾーンによりロットを変えると一番儲かると理解できると思います。最終的には、倍率は自分自身で決めるといいでしょう。

　私の場合も、どんな相場でも図2-18のロットを死守しているかというと、そんなことはありません。たとえば、ボラティリティが低く、ゾーン⑤へ到達することがないような時期は、ゾーン①から③のロットを増やすなどしています。その時期の戦う土俵がゾーン①から③とわかれば、ここで稼げるような資金管理を行なうわけです。

　このロット調整は、経験を積み重ねることでわかるようになると思います。最初からできないのは当然なので、焦らずに日々トレードを行なっていきましょう。

┃ ゾーン③④⑤は大きなチャンス！

　「攻める資金管理」の特徴をまとめてみましょう。外側のゾーンへ到達するほど、次の３つが可能になるのがポイントです。

① 「利食い損切り幅」を伸ばしてpipsが抜ける
② 反転する力が強まり「勝率」が上がる
③ 「取引枚数」を上げて利益額が増える

　つまり、期待値の高い３つの項目が組み合わさると、大きく稼げるチャンスといえます。私は、勝率が70％を超えてくるゾーン③より外側にきたときに、大きなチャンス到来と考えています。いわゆる「おいしい相場」といえます。実際に、これまでに大きく稼いだ日は、ゾーン③④⑤のサインが出た日が多いです。

　しかし３本の矢の教えのように、**同じときに３つが組み合わさると、**

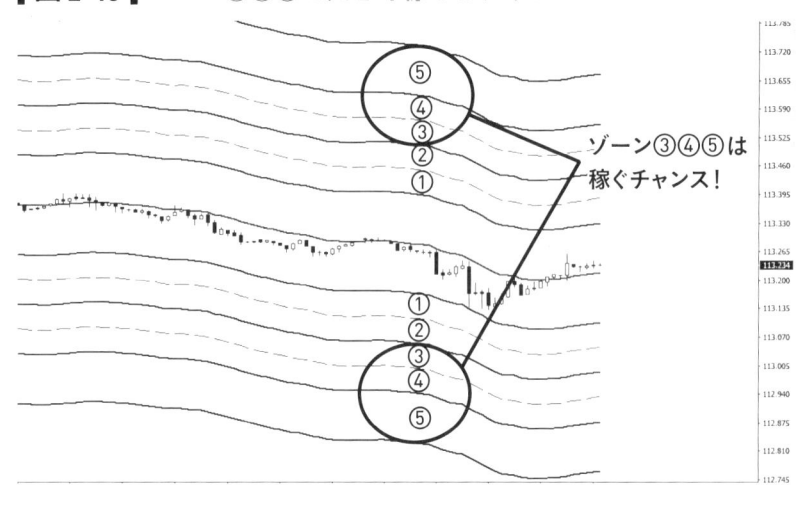

面白いほど勝てます。もちろんすべてのエントリーで勝つことは不可能なので、逆行したら損切りしなければなりません。期待値が高いといって、無茶なトレードをすればいずれ大損します。1回ではなく、100回や1000回トレードしたときに、期待値に収束していくものです。

　たとえば、ゾーン③から⑤の間で1000回トレードしたと想定してみてください。勝率が高く、700回以上は優に利食いできます。さらに、この700回以上の勝ちトレードはpips幅も抜けますし、ロットも増やすポイントです。損切りは200回から300回程度あるかもしれませんが、1000回を終えて、私は大きな利益が出ているイメージがふつふつとわいてきます。

　ゾーン③④⑤は、この手法で一番勝てる土俵といえます。1分足スキャルピングで勝つ感覚を、あなたもぜひ実感してみてください。

12 | ゾーンによりヒゲの長さを変える

　価格がゾーンに入ってエントリーするとき、反転を確認することが重要で、これを「ヒゲ」の出現で確認しましたね。では、どのゾーンでもヒゲが出たら即エントリーしていいかというと、そうではありません。

ゾーンのより外側ではヒゲの長さを長めに取る

　ゾーンが外側になるほど、相場は乱高下しているはずなので、上下のブレが大きくなります。たとえば、ゾーン④に到達したときに、ヒゲが出現して即エントリーするとします。実は、一瞬のヒゲはダマシで、エントリーした直後にさらに逆行してしまうケースがあります。相場が乱高下するほど、数pipsのダマシは増えるものです。そこで、**ゾーンのより外側でエントリーするときは、ヒゲの長さを長めに取ります。**そうすることで、ダマシを防ぐことができます。長めといっても、何pipsと決まっているわけではないので、次のように覚えてみてください。

・ゾーン①②は１ティック
・ゾーン③④⑤は２ティック

　ティックというのは、１回の値動きです。つまり、ゾーン①②だと、

ヒゲが出た瞬間（1回分の反転）ということになります。ゾーン③④⑤では2ティックなので、ヒゲが出て（1回分の反転）、さらにもう1回分ヒゲが伸びる（2回分の反転）のを確認してからエントリーします。

　たとえば次のような相場をイメージしてください。急騰しはじめ、小休止してまた急騰、小休止してさらに急騰して、ゾーン⑤に入ったとします。この間、わずか10秒だとします。この小休止したときに、わずかなヒゲが出たとすると、小休止が2回あったので、ヒゲは2回出現したことになりますね。ヒゲが出た瞬間にエントリーしてしまうと、急騰している最中に売りで入ってしまうため、すぐ損切りになります。そうではなく、2ティック反転するのを待つことで、このような負けを防ぐことができます。ヒゲが少々長くなる分、ド天井で入ることはできませんが、ゾーン③④⑤は値幅が出るので問題ありません。それよりも、短いヒゲでエントリーしてダマシに合うほうが、損失は大きくなります。

　図2-20は、下落したときの相場です。ゾーン③より外側へくると上下のブレが大きくなるので、ヒゲを長めに取るようにしましょう。

■図2-20■ ゾーン③より外にいく場合はヒゲを長めに取る

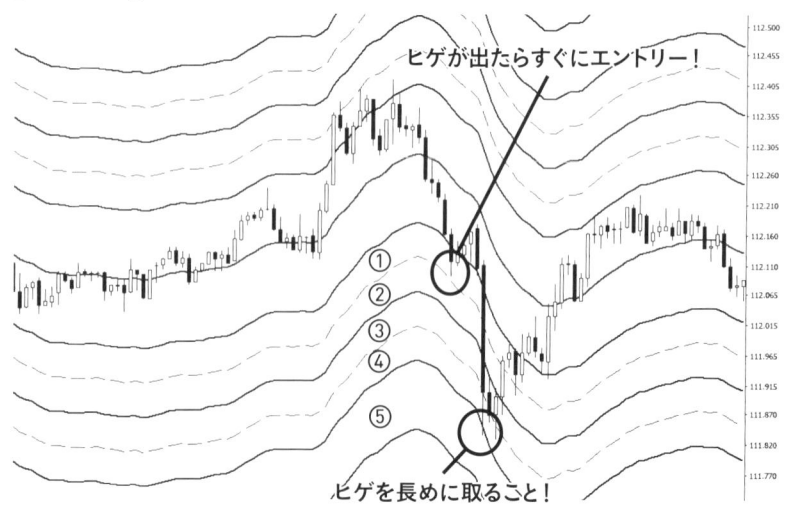

13 | エントリー禁止ポイントを覚えて勝率を上げる

トレードは、勝てる土俵で行なうべきです。実践しているやり方の期待値が高い相場、そうでない相場、これを把握することが大事です。

リアルタイムで動いている相場が、勝てる土俵にいるのか、そうでないのかを認識できるだけでも、勝率はかなり上がります。勝てる土俵でトレードすることで、何年トレードを行なっても期待値に収束していくからです。

エンベロープのゾーンは、どんな相場でも機能するわけではありません。通常の相場なら、移動平均線から乖離すると反転する力が働きます。しかし、通常ではない相場のときは、エンベロープは機能しなくなります。それはどういう相場でしょうか？　様子見すべきときは4つあります。

様子見すべき4つのポイント

① 経済指標発表直後
② 要人発言や選挙などイベントの日
③ 高安値などの節目をブレイクするとき
④ 参加者が少ないなど流動性が保てないとき

①の経済指標発表直後は、指標発表後の数分で価格が急騰したり急落

したりします。指標の数字で動くため、いっさい予測できないランダムな値動きです。経済指標は発表の時間が決まっているので、あらかじめ準備することができます。欧州時間は17:00、ニューヨーク時間なら21:30などです。毎日トレード前にチェックして、経済指標の時間を忘れないようにしましょう。

②の要人発言や選挙などのイベントの日も、経済指標と同じ考えです。各国の要人が発言するたびに急騰急落するので、ゾーンは機能しません。イベントがある日は1日中相場が乱高下することもあります。そのような日もゾーンで判断するのは危険です。

③の高安値などの節目をブレイクするときに様子見するのは、ブレイクがどれだけ強いかわからないからです。ゾーン①に入ったと思ったら、あっという間にゾーン⑤に値が飛ぶこともあります。節目ブレイクは売買が交錯した結果、壁を突破するようなものです。壁を突破したら、その勢いがすごければ、すぐに20pipsや30pips動きます。1分で50pips以上動くときもあるでしょう。こういう場合、どこで反転するかわからないので、エントリーはスルーします。

④の参加者が少ないなど流動性が保てないときは、機関投資家が夏休みや、クリスマス休暇の時期などです。機関投資家の参加者が少ないと、ちょっと大きめの注文が入るだけで、それと同等の反対注文がなければ価格は飛びます。確実に流動性が保てない時期があらかじめわかるものではありませんが、8月と12月後半は注意したほうがいいでしょう。

その他にも、中長期的にレンジ相場になって膠着した時期などは、トレンドが発生するまで参加者が少ないときもあります。これは、日々のマーケットに関するニュースを見ていればわかるので、相場の地合いを感じ取るようにしましょう。毎日トレードしていれば、何をしなくても、相場が薄いかそうでないかがわかってきます。

14 | 退場するリスクを限りなくゼロにする逆指値の使い方

スキャルピングの場合、トレード回数が毎月数百回、多いときで1000回を超える月もあります。ときには損切りを躊躇してしまう場面も少なからずあるかもしれませんが、その1回が命取りになり、口座資金がなくなるようでは困ったものです。この1回の大損を防ぐ方法があります。それは、「逆指値」を使うことです。

▍1回の大損を防ぐことが重要

損切り幅について説明しましたが、損切りはゾーン⑤でも6pips前後です。スリッページやちょっとしたクリックの遅れを入れても、10pipsを超える損切りはほとんどありません。では、損切りを躊躇してしまった場合はどうでしょうか。-10pipsどころか、そのまま逆行すれば、-30pipsや-50pipsもありえます。損切りを躊躇するということは、突発的に相場が動いたとか誤発注など、想定外の相場が多いです。**一度ためらうと、どこで損切りすればいいかわからなくなり、ちょっとしたパニックに襲われる可能性が高くなってしまいます**。結果、価格が戻るのを祈るだけで、ルールなどもはやないと同じです。そのようなとき、仮に-50pipsのときに自らの意志で損切りを実行することは、とても難しいものです。

こんなとき、損切りを躊躇しても、自動的に損切りしてくれる機能があれば便利ですね。それが、「逆指値注文」です。これは、「含み損が何pipsになったら自動的に損切りしてくれる」という注文方法です。たとえば、逆指値の設定を－15pipsに設定しておけば、損切りを躊躇して含み損が拡大しはじめても、－15pipsになった瞬間、勝手に注文されるため、ポジションがなくなります。ポジションは勝手に決済されるのですが、これ以上の含み損が増えることがないので、どんなにメンタルが崩れて損切りが遅れようが、最大損失が－15pipsになります。いわば、保険のようなものですね。

コツコツドカンがない安心感は大きい

　通貨ペアにもよりますが、私は、15pipsから20pipsを目安に損切り設定をしています。これで、どんな変なトレードをしようが、コツコツドカンでの大損が事実上なくなります。この安心感は計り知れないほど心理的にいい影響を与えてくれます。大損がなくなるので、あとは本来の目的である利益を追求することに専念することができるのです。

　ただし、日常的に損切り設定を使うことはおすすめしません。仮に5pipsなど、いつも自動損切りを設定したとします。そうすると、どんな相場でも損切り幅が5pipsと決められてしまい、臨機応変に対応する考えが身につかず、まったくトレードスキルは向上しません。逆指値は、あくまでも保険の意味合いですから、万が一のために大きめのものだけ設定するようにしましょう。

CHAPTER

3

1000回勝負して
1000回勝てる
「ネックライントレード」

15 | すべてに共通した見方は 「ネックライン」

このCHAPTERでは、トレードの確度をさらに上げるためのテクニカル分析を見ていきます。これらのテクニカル分析を組み合わせると、スキャルピングは本当に勝てるものだと心から理解できると思います。

「テクニカル分析を組み合わせる」といっても、むずかしい指標をエントリーのフィルターにするという話ではありません。学ぶべきは、「相場の仕組みそのものを知る」ためのテクニカル分析です。相場の仕組みがわかれば、なぜ価格が動くのか、すべて理解することができます。そうすると、トレードポイントが明確に見えてくるのです。

価格が動く仕組みがわかる10個のテクニカル分析

とことんまで精度を上げて、はじめてトレードで「勝ち続ける」という状態になると考えています。**なるべくして億を稼ぐには、他の人ではやらないような、鉄板といえるポイントをいくつも見つけることです。**一時的に勝つのであれば、移動平均線とエンベロープだけで十分です。しかし、あなたはこれから何十年と相場とかかわっていくつもりですよね。そうすると、予想外の相場が何度も起こります。そのようなときに、判断材料が多いほど戦略を立てる引き出しが多くなるため、安定して勝ちやすくなります。一時的に勝つのではなく、勝ち続ける必要がありま

す。期待値の高いポイントを毎日発見できるやり方を紹介していきます。

　本CHAPTERでは、トレードの期待値をさらに上げる10個のテクニカル分析を説明していきます。

① サポートライン
② レジスタンスライン
③ トレンドライン
④ チャネルライン
⑤ 三角持ち合い
⑥ フィボナッチ
⑦ ヘッド＆ショルダーズ
⑧ 波動
⑨ 値幅観測
⑩ チャートパターン

　口座を開設してトレードを少しでも行なったことがある人は、知っている項目が多いと思います。知っている箇所は読み流す程度でいいでしょう。また、トレードをやったことがないような初心者でも理解できるような、基本をすべて説明しているわけではありません。一度も注文をしたことがない人や、口座開設をしたことがない人は、本書以外の入門書でも学ぶなど、わからない箇所があれば自ら調べながら読み進めてください。

10個に共通した見方はネックライン

　「10個もあるの？」と思うかもしれません。しかし、この10個のテクニカル分析は、スキャルピングにかかわらず、絶対に覚えておいたほうがいいものです。まさに相場が動く「仕組み」であり、FXの基本といえます。私からすれば、この10個のテクニカル分析を知らずして、よくテクニカルトレードをやっているな、とさえ感じます。もっというと、

仕組みを知らないのに勝てるはずはないのです。それだけ基本中の基本であり、非常に重要です。この10個を知っていれば、深い分析が可能になるでしょう。効率のよい経験を積むことが可能になり、実践と検証を繰り返してどんどんスキルが上がるはずです。

　テクニカル分析を個々に10個覚えるのは、少し面倒に感じてしまうかもしれません。そこで、効率よく利益に直結できる見方を紹介します。それは、**個々に覚えようとするのではなく、テクニカル分析の「共通点」を見つけることです。**たとえば、①のサポートラインと⑨の値幅観測は、まったく違うテクニカル分析です。しかし、最終的に着目するポイントは同じです。この、**①から⑩までのすべての共通点は、「ネックライン」を見つけることです。**

トレードポイントは値が「止まる」か「走る」場所

　ネックラインとは、名前の通りでネック（障害、しこり）になるライン（線）です。FXの場合、「意識される価格帯」「節目になる箇所」といえます。相場の仕組みとして共通していえることは、次の2つです。

・**価格はネックラインで止まる**
・**価格はネックラインで走り出す**

　ネックラインは、特に意識すべきポイントです。たとえば、物が壁にあたれば跳ね返ることもありますし、壁を壊してさらに勢いよく突き進むこともあるでしょう。つまり、反転するか、値が走るかのどちらかになります。価格がネックラインまできたとき、反転するか、それともブレイクする（値が走り出す）か、ということです。

　ネックラインを見つけるために①から⑩の違う分析をする、と考えてください。たとえば、①と⑥を無理矢理合わせようとするのではなく、

ネックラインを見つけるために①から⑩の見方をしてみる、といった感じです。ネックラインが親となり、細分化して子どもが①から⑩まであるイメージです。

　なお、ネックラインはすべての時間足で有効なテクニカル分析です。各テクニカル分析の基礎を覚えるつもりで読んでください。

16 | ①サポートライン
②レジスタンスライン

　①サポートラインと②レジスタンスラインについては、同時に見ていきます。

　サポートラインの基本的な引き方としては、安値同士を結んで水平に引くだけです。名前の通り、価格をサポートする、支持するラインになります。レジスタンスラインは、サポートラインの反対です。たとえば、サポートラインが安値同士を結ぶラインなら、レジスタンスラインは高値同士を結ぶ、という読み替えになります。

┃売買が急増するわかりやすいポイント

　サポートラインにあたると、価格は反発しやすくなります。なぜ反発するのかというと、ラインが壁になっているからです。壁に対していつも反発するのではなく、突き抜けて下抜けになることもあります。突破したい人たちと死守したい人たちの攻防戦となり、結果としてどちらかの圧力が勝つのですが、売買が急増するポイントなので、勝った勢力は自分がいきたい方向へさらに進もうとします。逆に、下に突破できなければ、反発する力も強くなります。つまり、サポートラインとレジスタンスラインは、「ネックライン」と考えてください。

　ネックラインで値が止まるという判断を一番行ないやすいツールが、

このサポートラインとレジスタンスラインです。そして、1つのサポートラインを形成する安値のポイントが、3つ、4つと増えていくほど、そのサポートラインが価格を「支持」する力は大きくなります。これは同時に、売買がさらに激しくなることも意味します。

トレード前にいろいろな時間軸を見て全体像を把握する

トレードルールで使う時間足が1分だからといって、1分足しか見ないわけではありません。すべての時間軸でチャート分析をする必要があります。なぜなら、サポートラインやレジスタンスラインはどの時間足でも共通であり、どこにどういうラインがあるかは1分足だけではわからないからです。そのため、最初に長い時間軸を見て、そこから順番に期間を短くして見ていくといいでしょう。**トレードをはじめる前に、週足→日足→4時間足→1時間足→15分足→5分足→1分足と順番に見ていきながら、相場全体の流れを把握することが大切です。**そのうえで、サポートラインやレジスタンスラインを引くようにしてください。

「木を見て森を見ず」ということわざがありますが、これと同じように、1分足という短い時間軸（＝木）ばかり気にして、相場全体の傾向（＝森）を見ていない、という状態では、長期的に勝っていくことは難しくなります。1分足で「ここは大きなブレイクになりそうだ」と見ていても、1時間足では見落としてもいいほど機能しそうもないラインかもしれません。また、その逆もあるでしょう。面倒くさがらずに、すべての時間足を順番に見て、全体像を把握する癖をつけましょう。

ブレイク後のラインは役割が転換する

では、サポートライン、レジスタンスラインの具体的な活用の仕方について見ていきましょう。ラインにぶつかって反転しやすいということは説明しましたが、反転せずにブレイクしたあとの話をします。反転せ

┃図3-1┃ ブレイク後に役割が転換する「ロールリバーサル」

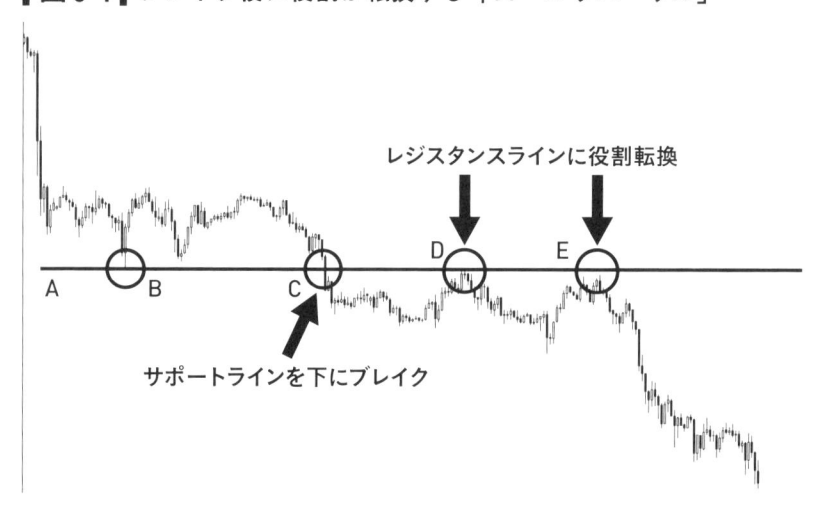

レジスタンスラインに役割転換

D　E

A　B　C

サポートラインを下にブレイク

ずにブレイクする（突破される）と、その後はサポートとレジスタンスの役割が転換します。これを、「ロールリバーサル」といいます。

　図3-1を見てください。Aがサポートラインです。時系列で考えると、まず、Bの安値ができたので、ここにラインを引くと、Cまでがサポートラインになります。Cで反発せずに下にブレイクしたので、ここでサポートラインの役割は終了します。それと同時に、レジスタンスラインに役割転換をします。そのため、DとEでは、レジスタンスになって反落していることがわかります。このように、下落している相場では、サポートラインをひとたび下抜けると、レジスタンスラインに役割転換します。

　Cで下にブレイクしたとき、ここでラインの役目が終わったと考えて、チャートからラインを消す人が多いかもしれません。しかし、**この時点ではまだラインを消さないようにしましょう**。ブレイクしたあともラインが再び機能する「ロールリバーサル」を想定しておくためです。

　この相場の流れをジグザグの線にすると、図3-2のようになります。

　丸の箇所がすべて同じ価格帯で、ロールリバーサルになったポイントです。Aはサポートラインからレジスタンスラインになり、ネックライ

図3-2 ロールリバーサルのポイントでネックラインを見つける

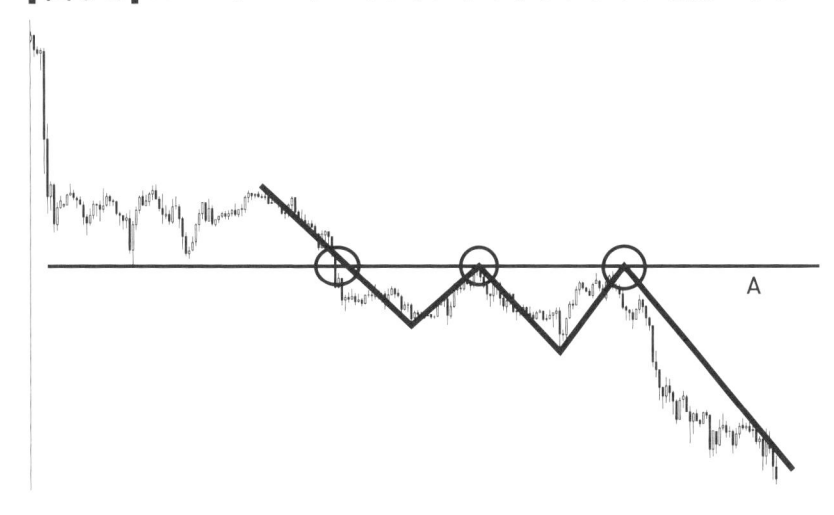

ンでもあるということですね。このネックラインを中心に、相場が形成されました。**ネックラインを見つけることができれば、相応のトレード戦略が立てられる**でしょう。逆に、ネックラインをまったく把握していないと、この箇所で勝ちトレードができるかどうか不安になりますし、トレードしたとしたらそれは根拠のないものになってしまいます。

1つのラインは何度もロールリバーサルが起こる

サポートライン、レジスタンスラインをブレイクすると、役割が転換することは理解してもらえたと思います。さらに、この転換は一度だけしか発生しないというものではありません。何度でも起こる場合があります。

図3-3を見てください。Aが安値の価格帯で、水平ラインを引いてサポートラインができます。Bで下にブレイクしています。このとき、サポートラインがレジスタンスラインに役割転換をしています。Cに至るまで何度もレジスタンスになり、Cではレジスタンスラインを上にブレイクしています。そうすると、このレジスタンスラインが今度はサポー

図3-3 何回も役割が転換する

トラインに転換します。このように、水平ラインが、サポートライン→レジスタンスライン→サポートラインのように何回も役割が転換することがあります。Bのときに、サポートラインを下にブレイクしたからといって、「もうこのサポートラインを出している意味はない」と水平ラインを消してしまうと、そのあとの流れがわからなくなるので、注意しましょう。

また、BとCの間に注目してほしいのですが、何度も反転している箇所は、次にブレイクしたときに大きな値幅を伴う可能性が高くなります。Cを見るとわかる通り、押さえつけられていた期間が長くなるほど、そのパワーは溜まっていき、いよいよ突破するとその勢いはすさまじいものになります。高安値ブレイク時は、逆張りに注意することは書きましたが、まさにこのようなときのことをいいます。本書の1分足スキャルピングで、なぜトレードNGポイントがあるのかも、このようなテクニカル分析と組み合わせると、どんどん理解できると思います。

17 │ ③トレンドライン

相場の基本はトレンドとレンジの繰り返し

　ここでは、相場の基本をおさえておきましょう。FXの相場は、「レンジ相場」→「ブレイク」→「トレンド相場」と推移します。この繰り返しだけです。つまり、相場にはレンジかトレンドしかありません。**難しく考えず、「今がこのどちらなのか」、これを考えるだけでいいといっても過言ではありません。**

　また、上昇トレンドの相場からいきなり下降トレンドの相場になることや、レンジ相場からブレイクを経ずにいきなり強いトレンドが発生することは通常はありません。

トレンドラインにあたると反転する

　さて、トレンドラインは、相場のトレンドを把握するためにとても有効なツールです。ポイントは「斜めに引く」ことです。なぜかというと、価格は斜めに動いているからです。トレンドが発生するにしても、ローソク足が直角に連続することはありません。直角ということは、一方向へ進み続けることになりますが、そんな相場はありませんね。高値（安値）を切り上げ（切り下げ）ながら、チャートは形成されるからです。

相場が斜めに進み、それに合わせてラインも斜めに引くからこそ、波が
つかめるのです。

　上昇トレンドでも、一方向へ上昇し続けることはなく、上下動を繰り
返しながら結果として斜めに上昇していきます。つまり、上昇トレンド
の最中でも一時的に価格が下がります。FXでは、この一時的に下がる
場面を、絶好の買い場だと待ちかまえているトレーダーがとても多くい
ます。なぜなら、上昇トレンド中の一時的な下げ局面では、このあと上
昇して高値を更新していくと判断されるからです。

　しかし、問題が1つあります。それは反落したときに上昇していくと
わかっても、いつ、どの価格で買えばいいのか、目安となる基準がない
ことです。そこで、トレンドラインを引くことで、「トレンドラインに
あたったら買おう」と意識できるようになります。あなただけではなく、
世界中のトレーダーがトレンドラインを引いて、価格が落ちてくるのを
待っているため、トレンドラインに価格があたると、売買高が急増する
傾向が非常に高くなるのです。

▌図 3-4 ▌ トレンドラインはいずれブレイクされる

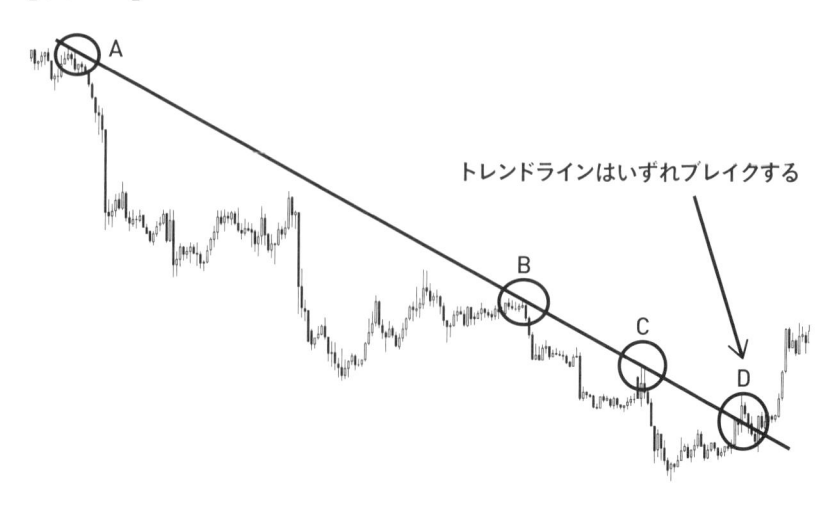

トレンドラインはいずれブレイクする

ただし、トレンドラインで必ず価格が反転するわけではありません。1つのトレンドが永遠に続くことはないからです。トレンドラインで反発するのか、それとも抜けていくかを見極めることが重要です。どちらにしても売買が急増するポイントなので、意識して見るようにしましょう。実際にエントリーするかどうかは、そのトレーダーによるルールの違いがあります。

図3-4を見てください。A、Bを結ぶと、下降トレンドラインが引けますね。Cで反転していますが、Dでは上にブレイクしています。下降トレンドラインにあたったからといって、すぐに売り注文を出すと負けてしまうことがわかります。

トレンドライン1本で戦略を立てない

このように、トレンドラインはいずれブレイクします。図3-4ではDでブレイクしましたが、リアルタイムで見ていると、いつブレイクするかはわかりません。下降トレンドのとき、ローソク足がトレンドラインにあたったら「売り」という戦略は、下降トレンドに乗るという意味では決して間違いではありません。ラインにあたって何度も反落していると、また反落すると考えるかもしれません。しかし、いつ上にブレイクするかわからないので、トレンドライン1本だけで戦略を立てるのは少し危険です。

トレンドラインを引く目的は、エントリーポイントを見つけるのではなく、あくまでも相場の流れを把握するためです。こうしてみると、このトレンドラインも先ほど書いた「ネックライン」だということがよくわかると思います。

角度が違う3本のトレンドライン

では、相場の流れを把握するために、より効果的な引き方を見ていき

ます。実際のトレードでは、何本も引いて相場を分析することが重要ですが、ポイントになるのは「３本のトレンドライン」です。

　起点が同じトレンドラインを３本引くパターンと、起点が違うトレンドラインを３本引くパターンがあります。

　図3-5は起点が同じトレンドラインです。Aを起点として、①②③のトレンドラインがあり、すべて起点が同じです。まず、Aからトレンドが発生しました。①を下抜けているのですが、下抜けたからといって、即座にトレンドが終了するわけではありません。①のトレンドラインを下抜けても、その後は角度のゆるいトレンドラインが引けるようになります。そして、②のトレンドラインも下にブレイクしますが、すぐに下落するのではなく、③のトレンドラインを引くことができます。通常は、このような３段階のトレンドラインを引けるのです。

　同じチャートに、水平のレジスタンスラインとサポートラインを引いてみると、Aで上昇トレンドが出たあと、レンジになっていることがわ

┃図3-5┃ 起点が同じトレンドラインを３本引くパターン

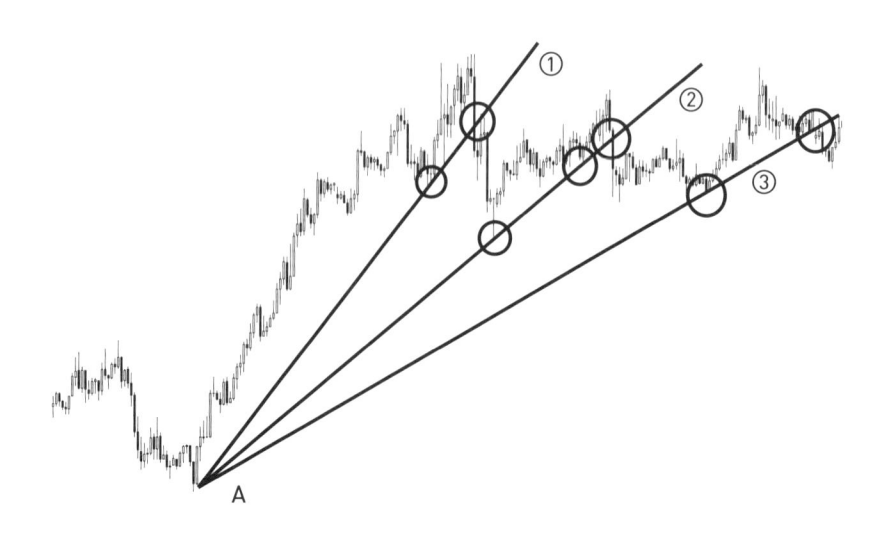

図3-6 同じチャートにレジスタンスラインとサポートラインを引く

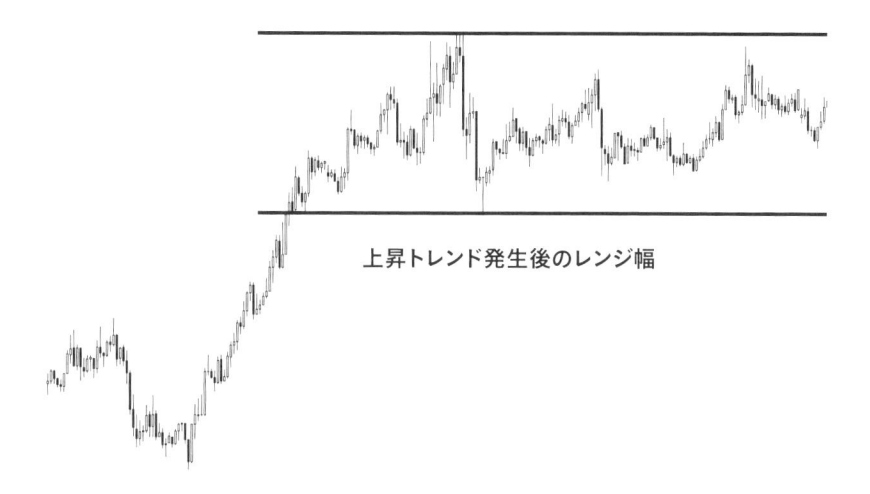

上昇トレンド発生後のレンジ幅

かります（図3-6）。①の上昇トレンドラインを下にブレイクしたから
といって、すぐに下降トレンドがはじまるのではありません。上昇トレ
ンドのあとは、レンジ→下降トレンドの流れになるのが自然です。

　上昇トレンドのあと、レンジ幅を形成していることがわかります。ラ
インの引き方により、相場の見方がかなり変わると思いませんか？　こ
のように、いろいろなラインを引いて相場環境を把握することはとても
大切です。

起点が違う3本のトレンドライン

　次に、トレンドラインの起点が違うパターンを見ていきます。

　図3-7を見てください。①→②→③の順番でトレンドラインが引けま
すが、起点がそれぞれ違うのがわかると思います。AB間のトレンドラ
インは、トレンドが開始したラインです。その後、トレンドが継続する
ことでBCのトレンドラインとなり、最後はCD間でトレンドラインが引
けます。

　このように、トレンドが継続すると、必ずトレンドラインの起点が変

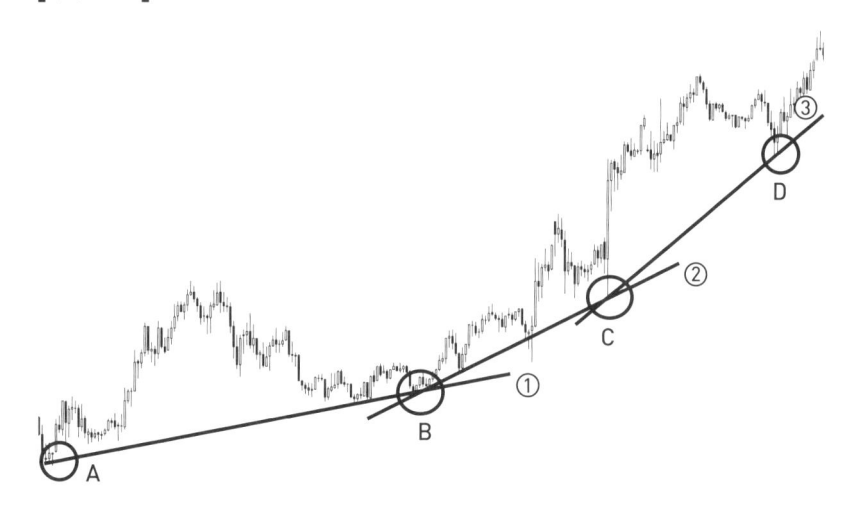

わり、トレンドラインの角度も①→②→③の順番で急になっていきます。トレンドが継続するときは、段階的にトレンドラインの角度が強くなると覚えてください。

基準を「3段階」にする

　起点が同じ場合も違う場合も、トレンドラインは3本でした。また、角度が変わる回数も3回です。トレンドが発生してトレンドラインを引く場合、この「3回」「3段階」を基本にしてください。

　では、3回しかないかというと、そんなことはありません。例えば、3段階目のトレンドが出ることなく、トレンドが終了する場合もあります。この場合は3段階目が出なかったので、トレンドが継続する力が弱いと判断するといいでしょう。逆に、3段階目のトレンドラインに乗り、さらにここから急上昇して4段階目のトレンドラインが引けると、トレンドの力が強いと判断できます。同時に、急激なトレンドは長続きしないので、一時的な反転も近いと想定することもできるようになってきます。

相場の流れを3段階で把握することを基本とし、これよりもトレンドラインが多いか少ないかで、トレンドの強弱を判断することもできます。私の経験上、この「3」という数字は、どの時間軸にトレンドラインを引いても、同様に機能します。ラインを引く際の基本の考えとして、おすすめしたい数字です。

　トレンドラインに限らず、相場では基準を作るといいでしょう。基準を作るからこそ、逸脱したときに対応できるようになります。基準があれば、そこから逸脱したら様子見をするなどといった対応ができます。

ブレイク後はサポートとレジスタンスの役割が変わる

　上昇トレンドラインの場合、トレンドラインにあたると反発し、さらに上昇していくことが想定できます。そして、いずれトレンドラインをブレイクし、下抜けします。いったんブレイクすると、サポートになっていたトレンドラインの役割は転換し、レジスタンスになります。

　図3-8を見てください。A、Bを結んでトレンドラインが引けますね。

図3-8 サポートラインがレジスタンスラインに変わる

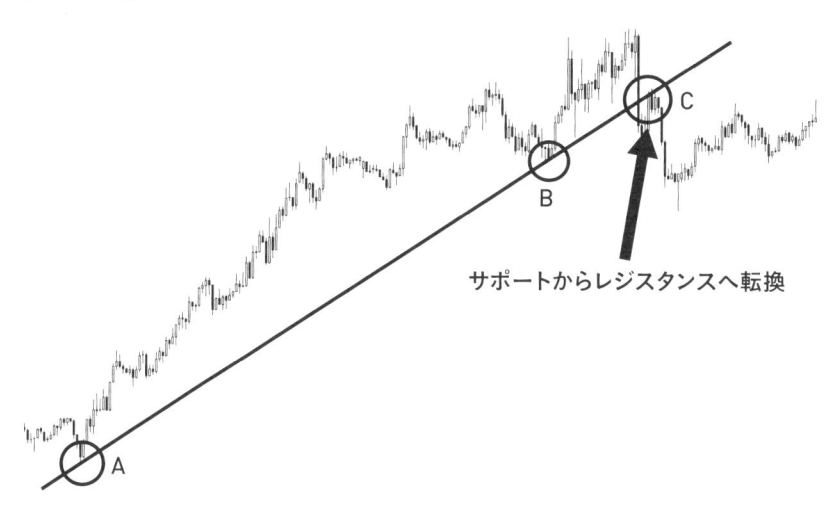

サポートからレジスタンスへ転換

Bは価格がここから下落しないように、サポートしているポイントです。その後、Cで下に抜けました。今度はCが意識され、トレンドラインより上にいけない状態です。これは、トレンドラインの役割が転換し、価格が上にいかないようレジスタンス（抵抗）になったからです。

　このように、ひとたびトレンドラインをブレイクすると、役割が転換することを覚えておいてください。サポートラインとレジスタンスラインのロールリバーサルと同じで、トレンドラインも同様な役割転換が起こります。トレンドラインをブレイクすると、買いポジションを持っていたトレーダーが手仕舞いし、それと同時に新規の売り注文が入るので、売り圧力が急増するポイントになります。

　図3-9は逆のパターンです。A、Bが形成されると、下降トレンドラインが引けますね。Cでブレイクすると、トレンドラインの役割はレジスタンスからサポートになります。そして、Dではサポートのポイントになっています。

┃図3-9┃下降トレンドでのサポートラインとレジスタンスラインの転換

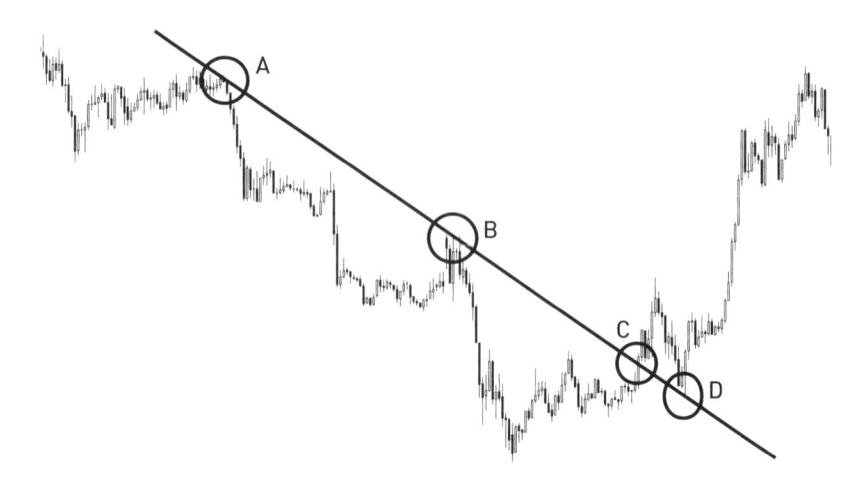

サポートライン、レジスタンスラインとの違い

　注意すべき点は、「支持する」価格帯と「抵抗する」価格帯が、サポートライン、レジスタンスラインと、トレンドラインでは違うことです。サポートライン、レジスタンスラインは、どれだけ時間が経過しても、ラインが水平だという性質上、常に同じ価格帯になります。一方、トレンドラインは斜めに引くため、時間の経過とともにトレンドラインとローソク足がぶつかる価格が移動していきます。

18 ④チャネルライン

チャネルラインでトレンドの値幅がわかる

　チャネルラインを作るためには、2本の平行したラインを引きます。下降トレンドでは、まず、高値同士を結び、トレンドラインを引きます。そして、このトレンドラインと平行のラインを、ローソク足の安値側に移動します。この2本のラインを合わせて、チャネルラインといいます。2本は平行なので、ラインの傾き（角度）が同じになります。「チャネル」とは、道筋・ルート・手段という意味です。名前の通り、相場の波がわかる2本のラインになります。

　図3-10を見てください。A、Bを結ぶと、下降トレンドラインが引けますね。それと平行にラインを引き、安値側に移動することで、チャネルラインになります。C、D、Eでぴったり反発していますが、これは偶然ではありません。トレンドには、必ずといっていいほど決まった上下動の波があり、一定の値幅をキープして進んでいきます。すべてのトレンドがこのようなきれいなチャネルラインになるわけではありませんが、ほとんどのトレンドは、チャネルラインが引けると考えてください。なお、上昇トレンドの場合は、逆になります。

図3-10 チャネルラインは2本の平行ラインを引く

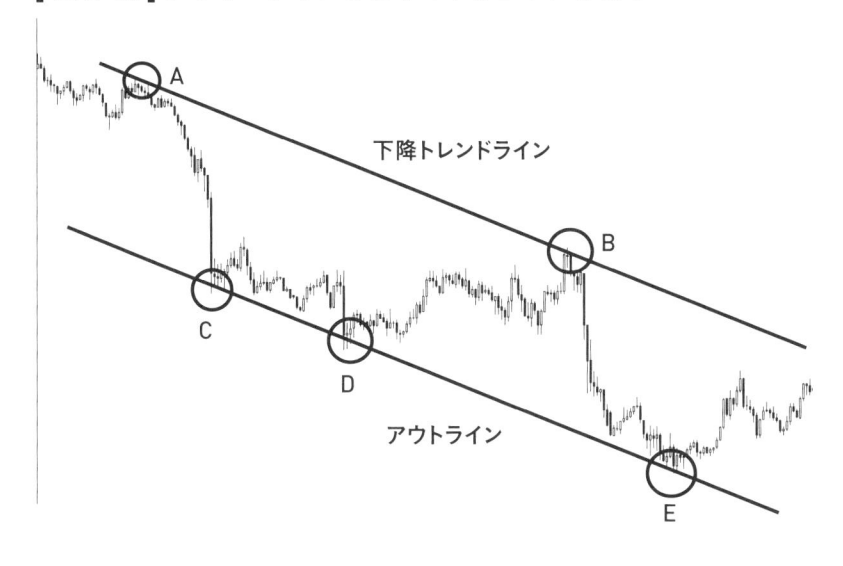

下降トレンドライン

A

B

C

D

アウトライン

E

「アウトライン」はトレンドラインと平行に引く

　トレンドラインと平行に引いたラインのことを、「アウトライン」と
いいます。トレンドラインがトレンドの起点だとすると、アウトライン
はトレンドが反転するポイントです。相場は上下動を繰り返しながら進
んでいくので、どこかで反転しながら進みます。その反転するポイント
を、チャネルラインで測ることができます。

　1本のトレンドラインだけだと、安値もしくは高値の片方しか見ない
ようになってしまいます。たとえば、上昇トレンドの場合は安値同士を
結ぶので、ローソク足の安値ばかり気にして、高値は意識して観察して
いないのではないでしょうか。トレードで勝つためには、トレンドが上
昇、下降のどちらであろうと、高値と安値の動きを見なければなりませ
ん。逆張りの場合は反転するポイントを見つけていくので、特に重要に
なります。

　図3-11では、チャートの外側にA、B、Cの3本のラインを引いてい
ます。このように、ローソク足の外側にラインを引くことで、価格がど

図3-11 ローソク足の外側にラインを引く

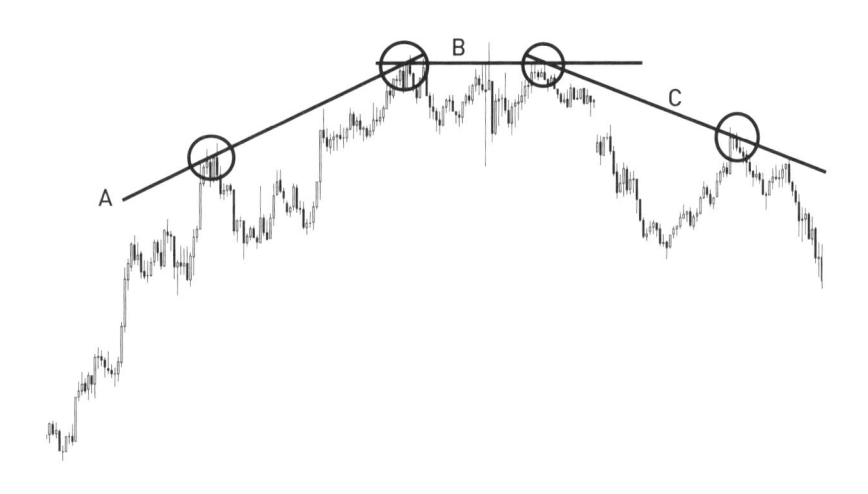

図3-12 チャネルラインで相場環境が視覚的にわかる

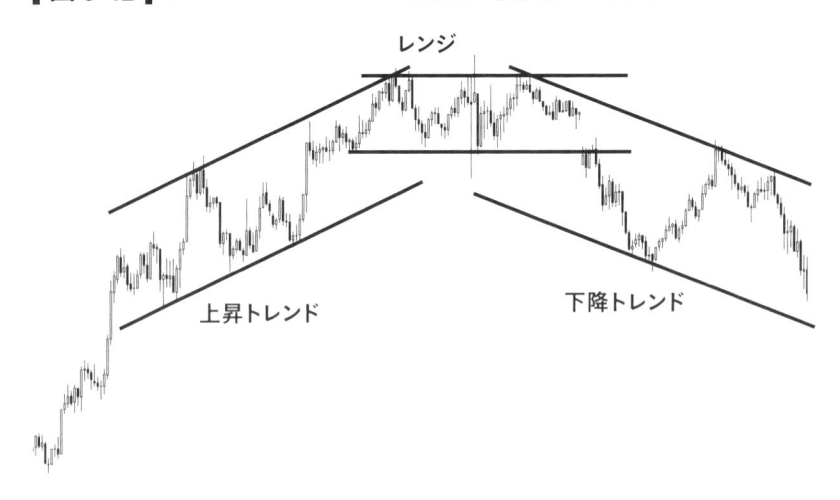

こで止まっているのか把握することができます。そして、これをトレンドライン、アウトラインと組み合わせることで、全体の流れが一目でわかるようになってきます。このチャートにトレンドライン、アウトラインを引き、チャネルラインにしてみます。

チャネルラインを引くことで、トレンドとレンジの相場環境が、視覚

的に鮮明になってきます。高値と安値の上下動の波のサイクルや、トレンドの値幅までわかるようになり、それがネックラインの発見につながってくるのです。日々、チャネルラインを引いて相場の波をとらえるようにしていると、驚くほどトレンドとレンジのサイクルがわかってきます。

▌相場はどんなときでも「Nの字」で進む

次に、なぜチャネルラインが機能するのかについて考えてみたいと思います。

「なんとなくトレンドラインとアウトラインが引けたからチャネルラインができた」というものではありません。安値と高値がたまたま同じ角度で進行しているのではなく、相場はチャネルの軌跡をたどりながら動く習性があります。その習性とは、「相場はNの字で進む」というもので、これを知っているとチャネルラインが機能する理由がよく理解できると思います。

相場には、レンジ相場とトレンド相場がありました。レンジ相場のときは、安値→高値→安値→高値と一定の間隔で価格が上下しているので、これを直線で表すと「Nの字」になります。

一方、トレンド相場の場合は、ブレイクしてローソク足が長く伸びたり、一時的な急騰や急落があったりするので、「Nの字」をイメージしにくいかもしれません。しかし、どんなに強いトレンドでも、最終的にはNの字で形成されます。

図3-13を見てください。上昇トレンドで連続した上下動をしていますが、1つの「Nの字」がいくつも重なって、チャネルラインを形成していることがわかります。

これは、どんなに強い上昇トレンドでも、一方向へ上がり続けることはなく、必ず押し目をつけながら上昇していく、という相場の習性があるからです。上昇したら小休止のために一時的に下落し、その後また上

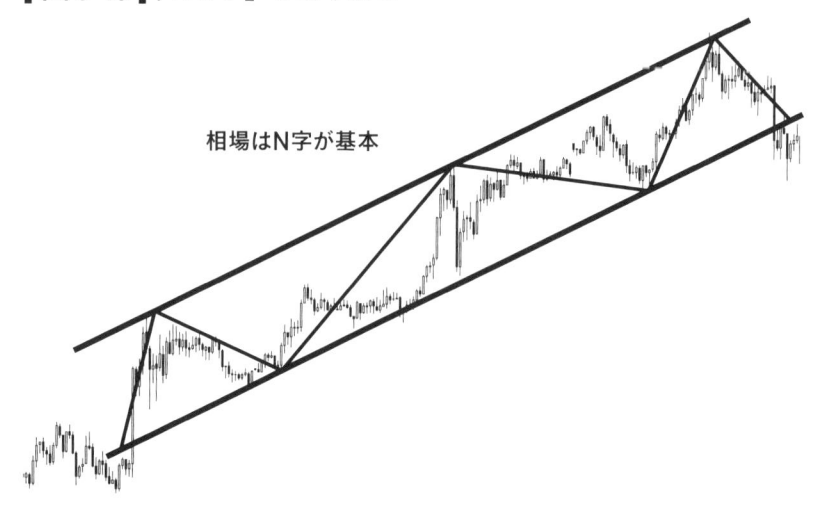

相場はN字が基本

昇していく、という繰り返しです。下降トレンドの場合も同様で、下げたら一時的に反発し、戻しをつけます。そして徐々に安値を更新しながら下落していくものだと覚えてください。

　たとえば、上昇トレンドのトレードをイメージしてみます。上昇しているということは、売りよりも買いの圧力が強くなっています。つまり、買いポジションを持っているトレーダーが多数いるわけです。そして、直近の高値を超えると、含み益がある程度増えます。そうすると、「いったん利益確定をしておこう」と考えるトレーダーが手仕舞いをし、一時的に売り注文が入るので反落します。しかし、上昇トレンドの最中なので、この下げを押し目だと判断するトレーダーが多く、再度買い注文が多く入ります。この上げ下げが、「Nの字」になるのです。そして、このNの字ができるので、チャネルラインが引けるという流れです。

　このNの字で動く仕組みを、「N波動」といいます。N波動については、122ページ「⑧波動」でくわしく説明していきます。チャネルラインが引けることには、このようにきちんと理由があるのです。

チャネルラインは「長さ」「角度」「値幅」の3つ

　ここまでの説明で、チャネルラインの引き方と、大きな流れをつかむイメージは理解できたかと思います。次に、もう少しくわしい活用の仕方を見ていきます。

　エントリーポイントを見つけるためには、ラインを引くだけでなく、そこから戦略を立てないといけません。チャネルラインを引くうえで、私が意識しているポイントは次の3つです。

① チャネルラインの長さ
② チャネルラインの角度
③ チャネルラインの値幅

　相場は24時間動いていて、刻々とチャートを形成しています。その都度チャネルラインを引きますが、まったく同じチャネルラインというのは、まずないと考えてください。同じ相場がない以上、チャネルラインの長さ、角度、値幅は必ず異なります。それぞれの意味合いは、次のようになります。

① 長さ → ラインが長ければ長いほど、支持 or 抵抗の力が強くなり、ブレイク後の反動も大きい
② 角度 → 急なほどそのトレンドへ進む力が強いが、長くは続かない
③ 値幅 → 値幅が広いほどそのトレンドが強く、長く続く

　たとえば、図3-14のチャートを見てください。チャネルラインAとBがあります。Aはチャネルが長くて角度がゆるやかで、値幅もあります。Bのチャネルは短く、角度が急で値幅が狭いですね。3つのポイントがそのままあてはまっています。このように、Aというチャネルラインの中に、別のBというチャネルラインを引くこともできます。むしろ、**相場はチャネルラインだらけといってもいいでしょう**。大小さまざまなチ

図3-14 大きいチャネルラインの中に小さいチャネルラインができる

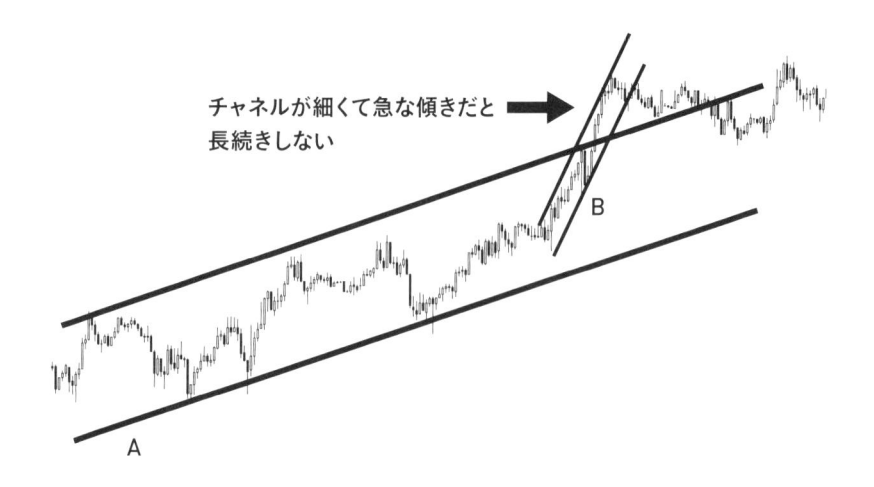

チャネルが細くて急な傾きだと
長続きしない

ャネルラインを組み合わせることで、値が止まるポイント、もしくは走り出すポイントがわかるようになってくると思います。チャネルラインAを木の幹、チャネルラインBを枝だと考えてください。太い幹があって、細い枝があるイメージです。チャネルラインも幹や枝と同様で、細くて角度が急だと、長くは続きません。幹が太ければ太いほど、その木は大きいのです。細い枝は長くなると途中で曲がるか折れるので、あまり長くはなりません。細いチャネルラインも、長くは継続しないということです。

　このように、３つの特徴を意識してチャネルラインを引いてみると、よりわかりやすくなってきます。

チャネルラインはいずれブレイクされる

　チャネルラインを引くと、相場環境を把握しやすくなる半面、そのチャネルラインの中だけでトレードしがちになります。たとえば「トレンドラインにあたったら買い、アウトラインにあたったら売り」という単純な戦略だけでは、トレードでは勝てません。なぜなら、チャネルライ

図3-15 いずれ上下どちらかにブレイクしていく

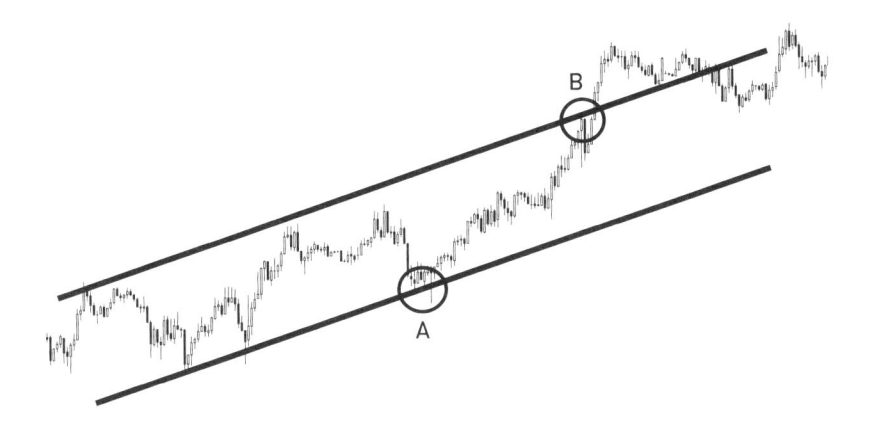

ンはいずれブレイクされるものだからです。図3-15を見てください（図
3-14と同じチャートです）。

ブレイク後の値幅はチャネルラインで測ると便利

　チャネルラインをブレイクすると、そのチャネルラインの倍の値幅が
出ることがよくあります。それは、「相場は達成感があるまで進む」と
いう習性があるからです。

　図3-16のチャートを見てください。Aのチャネルラインを上にブレイ
クしたあと、レジスタンスがサポートになって、上に跳ねていますね。
どこまで上値更新したかというと、1回目がAのチャネルラインの倍の
Bの値幅になります。Bで2倍を達成し、いったん反落してトレンド回
帰し、さらに2回目の上昇でAの値幅の3倍を出してCに到達していま
す。このように、**トレンドの達成感をチャネルラインの値幅を基準にし
て測ること**ができます。すべての相場がこうなるわけではありませんが、
チャネルラインをきれいに引くことができれば、そのチャネルラインの
値幅を基準にした値動きが出ることが多いことがわかります。

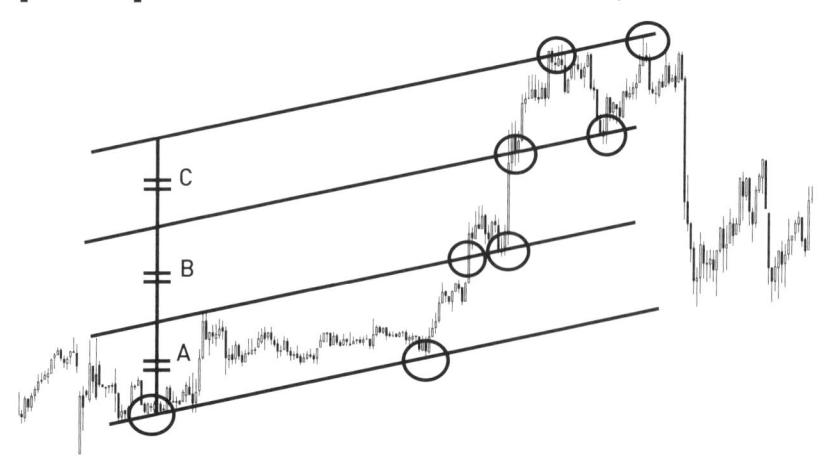

図 3-16 チャネルラインの倍の値幅が出ることが多い

　私も毎日チャネルラインを引いていますが、不思議なことに、トレンドが出るとチャネルラインが機能していきます。チャネルラインをモミ幅として考えてみてください。チャネルラインがブレイクしたら、次のステージに入ったことになりますね。価格がどこまで進むか、という想定をするとき、モミ幅の倍がとりあえずの達成ポイントになります。結果、チャネルラインをブレイクすると、倍の値幅が出やすくなるというわけです。価格が止まるポイントやブレイクするポイントが「ネックライン」になりますが、チャネルラインも同様だといえます。ぜひ覚えてください。

19 ⑤三角持ち合い

　相場が変動するサイクルは、レンジ相場→ブレイク→トレンド相場でした。その中でも、１分足スキャルピングで一番利益を出しやすいのが、値幅が大きくなりやすいトレンド相場です。トレンド相場は、レンジ相場からブレイクして発生するため、レンジとブレイクを理解することが最も重要になります。

　一方、レンジ相場は「持ち合い相場」ともいわれ、１分足スキャルピングには向いていないのですが、特に「三角持ち合い」を理解すると効果的に利益を出すことができるようになります。

2種類のレンジ相場

　一定の間隔で上昇と下落を繰り返し、同じ値幅を行ったり来たりしていて、方向感のない状態が「レンジ相場（持ち合い相場）」です。レンジ相場では、一定の価格まで下げたら買われる、上げたら売られる、というように、値幅が限定的で売り買いの圧力が均衡するときに発生します。トレンド相場の前には必ずレンジ相場が形成され、「相場の大半がレンジ相場」といわれるくらい頻繁に発生しています。

　ここから、これまで説明してきたサポートライン、レジスタンスライン、トレンドラインを使って、２種類のレンジ相場を見ていきます。な

お、レンジ相場は継続することはなく、いつか必ずブレイクするので、どちらにブレイクするのかを見極めることが重要です。

ボックス相場と三角持ち合い

　図3-17はA、Bの2本のラインがあり、Aがレジスタンスライン、Bがサポートラインです。それぞれ、丸のポイントが支持帯・抵抗帯で、一定のレンジ内で何度か上下しているのがわかります。同じレジスタンス・サポートラインで2度3度と反転し、どちらにも抜けずに相場が行き詰まっている状態です。A、Bどちらも水平ラインなので、レンジ幅がそのまま横に移動していくイメージです。このレンジ幅は、四角い箱型に見えることから、「ボックス相場」ともいいます。

　一方、サポートライン、レジスタンスラインのように水平ラインではなく、トレンドラインがレンジ相場を形成する場合があります。トレンドラインは、ローソク足の高値（安値）を切り上げていく（切り下げていく）とき、斜めに引けるラインのことでした。そのため、ボックスの

図3-17 ボックス相場

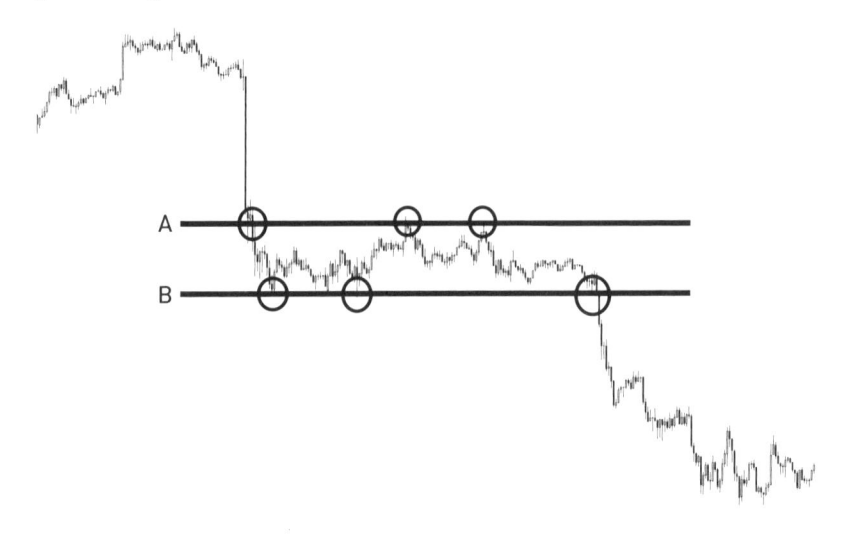

▋図3-18▋三角持ち合い

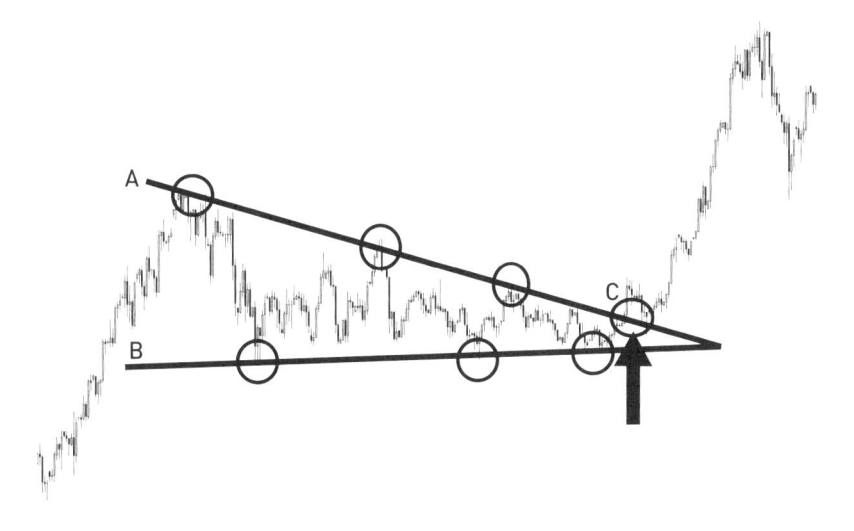

形にはならず、図3-18のように「三角形」になります。

　Aが下降トレンドラインで、Bが上昇トレンドラインです。この2本を合わせると三角形になりますね。この形を「三角持ち合い」といい、レンジ相場を見分けるうえでとても重要なのですが、分析が難しいポイントともいえます。なぜかというと、形が三角形であるため、見落としやすいからです。ボックス相場の場合は水平ラインなので、常に真横にラインを引けばいいだけです。しかし、三角持ち合いの場合はラインが斜めなので、毎回角度が違い、意識していないととても見つけにくいのです。反面、ボックス相場よりも早い段階でトレンドを把握することができ、トレードの準備も早く行なえます。

　見分けるコツは、ローソク足の高値だけ、安値だけでなく、両方をチェックすることです。チャネルラインでも説明しましたが、**高値と安値の両方を見ることで、相場の上下動が把握できます。**三角持ち合いも同じで、高値と安値を見るようにしていれば、自ずと三角持ち合いのラインを引くことができるようになります。

　この三角持ち合いには、主に3つのパターンがあります。

・上昇トレンドライン ＋ レジスタンスライン（水平）
・下降トレンドライン ＋ サポートライン（水平）
・上昇トレンドライン ＋ 下降トレンドライン

　他に角度の違う上昇トレンドライン同士の三角持ち合いなどもありますが、主にこの３つです。どれもラインの角度による違いだけです。このパターンは上にブレイクしやすいとか、違いはあまり考えなくていいでしょう。どのパターンであれ、上下どちらにもブレイクしますし、「こっちにブレイクしやすい」という偏見で見ないほうがいいです。共通しているのは、レンジ幅が徐々に狭くなっていき、最終的に、ローソク足の行き場がなくなることです。これがブレイクの前ブレとなります。レンジ相場が次第に窮屈になってくると、たまっていたパワーを放出するかのように一気にブレイクします。**三角形の先端にいくとブレイクする**、と考えてください。

レンジ相場の役割はトレンド相場を作るため

　FXにおいて、売買高が急増して価格が動くのは、トレンド相場のときです。また、１分足スキャルピングで利益を上げやすいのは、トレンド相場が大半です。そのため、トレンドの発生は見逃せません。

　「レンジ相場」→「ブレイク」→「トレンド相場」のサイクルを思い出してください。トレンド相場が発生するのは、レンジ相場がブレイクするからでした。トレンド相場の前には必ずレンジ相場が存在します。相場の大半はレンジ相場、ということは説明しましたが、トレンド相場で力を放出するために、レンジ相場で力をため込んでいるのです。

異なる時間軸で判断する

　三角持ち合いとブレイクは、どの時間軸のチャートでも同じ見方にな

ります。ブレイクするラインや価格帯がネックラインになります。そして、より機能するネックラインを見つけるには、1つの時間軸だけで判断するのではなく、異なる時間軸を組み合わせて判断するといいでしょう。

　たとえば図3-19のチャートを見てください。2つの三角持ち合いがあります。左側は、下降トレンドラインとサポートラインの持ち合い、右側は下降トレンドラインと上昇トレンドラインの組み合わせです。このチャートだけで見ていると、どちらも三角持ち合いを抜けてブレイクという流れがわかります。たしかに、三角持ち合いを発見できれば何かしら戦略は立てられそうです。

　では、同じ場面を、時間軸を長くして表示してみます。図3-20を見てください。A、Bの三角持ち合いは、先ほどの図3-19のチャートと同じものです。しかし、それより大きな三角持ち合いがありますね。Cの下降トレンドラインとDの上昇トレンドラインを引くと、A、Bを囲うようにして大きな三角持ち合いを発見できました。A、Bだけを見てトレードしていると、小さな枠の中で右往左往しているだけになるかもし

▋図3-19 ▋三角持ち合いを抜けると大きくブレイクする

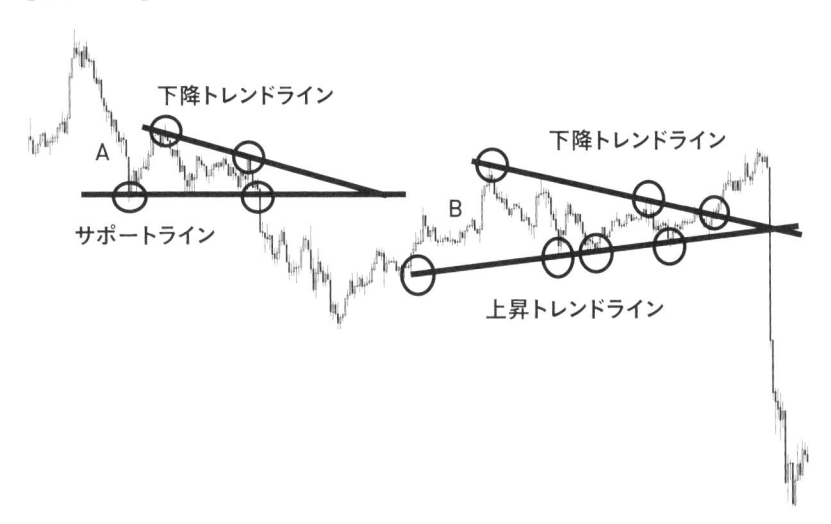

┃図3-20┃時間軸を長くして確認してみる

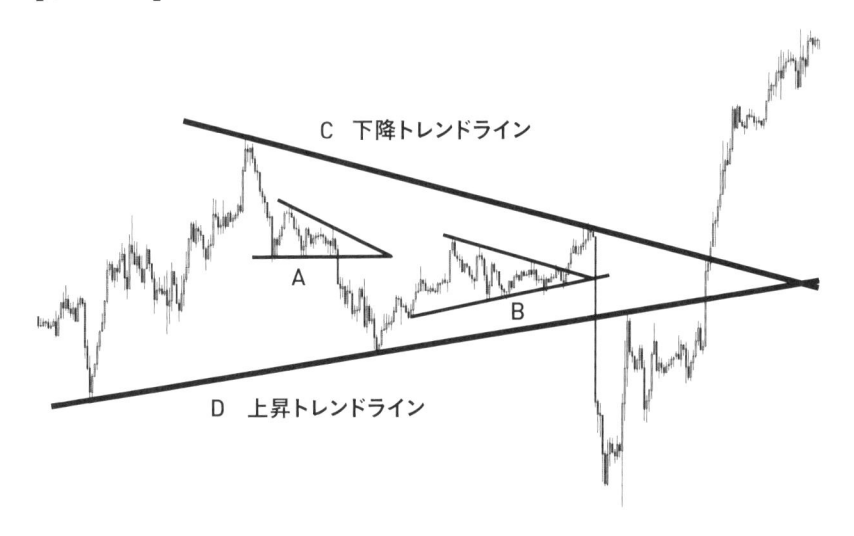

れません。もっと大きな流れを把握し、長い時間軸と短い時間軸を組み合わせて判断したほうが、確度は高くなります。

　一概にどの時間軸が重要とはいえませんが、１分足含め、すべての時間軸を見るといいでしょう。型にはまったラインを引くのではなく、いろいろな時間軸で分析をして、その日の相場に合わせてトレード戦略を立てるようにしてください。そうすると、確度の高いネックラインを見つけることができます。

　今回の場合、Bの三角持ち合いをブレイクしたあと、それよりも強いネックラインC、Dが形成されたという相場環境がわかります。Aの三角持ち合いをブレイクしたあとも、チャートを追って観察していれば、Bに入る前にDの上昇トレンドラインが引けますね。そして、Bがブレイクされたあと、Cの下降トレンドラインが引けました。A、Bの役割が終了したあとは、C、Dの三角持ち合いにバトンタッチです。

持ち合いの形が大きいとブレイクも大きくなる

　トレンドラインが長くなると、三角持ち合いの形が大きくなります。そして、三角持ち合いが大きいと、ブレイクも大きくなります。図3-20のチャートでは、A、Bが小さい三角持ち合いでしたが、C、Dのトレンドラインを結んだ三角持ち合いは大きかったですね。ブレイク後の値幅を見ると、A、Bよりも大きいことがわかります。

　また、三角持ち合いが形成されてからブレイクするまでの時間も見てください。A、Bよりも何倍もの時間をかけて形成され、ブレイクしています。持ち合いの時間が長いほど、ブレイク後のトレンドも大きくなります。レンジの時間が長ければ長いほど、力が蓄積されますね。図3-21を見てください。

　このように、三角持ち合いからのブレイクは、レンジ相場の値幅（大きさ）と時間の長さに比例します。これを基本として覚え、違うパターンがきたら、いつもと違うので様子見するなどと考えることができます。持ち合いが小さいのにブレイクが大きければ、「何かニュースが出たの

図3-21 三角持ち合いが大きいとブレイクも大きくなる

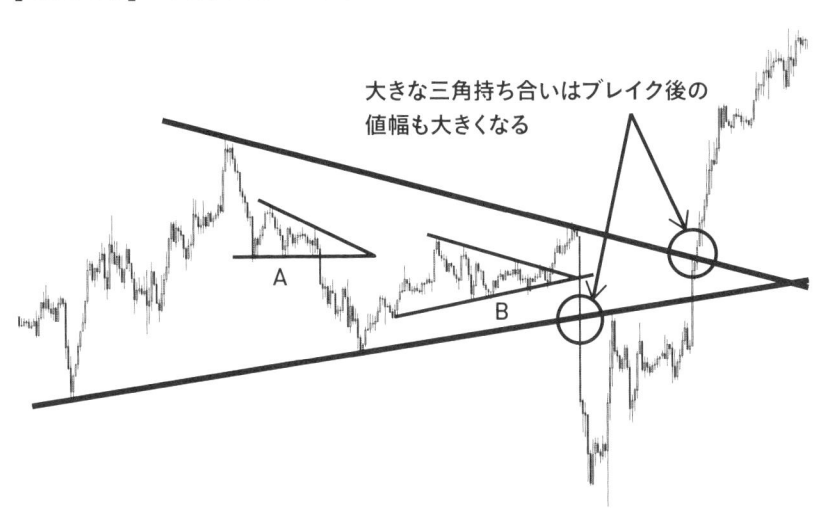

大きな三角持ち合いはブレイク後の値幅も大きくなる

ではないか」とすぐに切り替えることができますし、基本を理解しているからこそ、それを逸脱したときにも対応できるようになります。

ダマシが多くてもスキャルピングに影響はない

ダマシとは、その方向へいくと見せかけて、すぐに反転してしまうことです。一度方向性を決めて進もうとしたものの、そっぽ向いてやっぱりやめた、といっているようなもので、ブレイクしてもトレンドが出ずに反転してしまいます。ボックス相場でも三角持ち合いでも、見方は同じです。

図3-22のチャートを見てください。Aのポイントでは、レンジからきれいにブレイクしています。しかし、Bではブレイクしかけましたが、結局ブレイクポイントを上下動してダマシになりました。こうしたダマシは頻繁に起こるものと覚えておいてください。1日の中でも何度も発生していて、日常的なものとしてとらえてください。

では、ダマシがあるとトレードで勝てないのかというと、そんなこと

図3-22 ダマシは頻繁に発生する

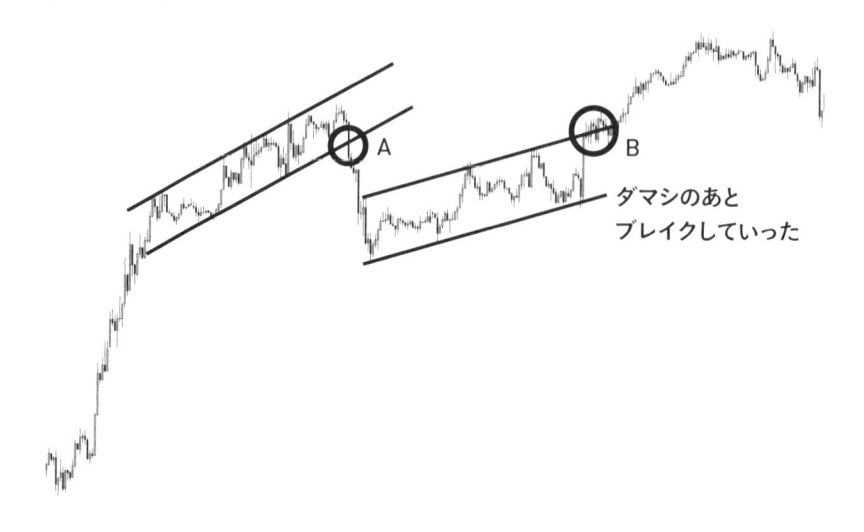

はありません。特に、1分足スキャルピングはダマシの影響を受けません。それは、ブレイクするポイントでは、エントリーを見送るからです。ダマシであろうとなかろうと、ブレイク時は静観するのが基本なので、ダマシの影響を受けないのです。

結局、ダマシがあるかどうかなど、わかるはずがありません。1分足のスキャルピングにおいて、動いているローソク足からダマシを判断することは難しいので、このようなときはトレードそのものを見送り、勝てる土俵になるまで待つようにします。

また、仮にブレイク後に一時的な反転を見越してトレードしたとしても、スキャルピングは、数pipsから数十pipsといった小さい利幅を狙うトレードなので、ダマシでブレイクに失敗したなどは損益に影響はありません。ブレイク失敗の判明前に、すでに決済を終えていれば問題ありませんね。結果的にダマシになったとしても、時間軸が短いトレードスタイルほど、損益への影響は少なくなります。

見方は1つではなく視野を広く持とう

図3-22のチャートは、Bでダマシになりました。実は、違う見方をするとダマシではないのです。

図3-23のチャートを見てください。これはラインの取り方を変えただけです。図3-22でダマシになったポイントは、上昇トレンドのアウトラインではなく、レジスタンスラインが機能していることがわかります。形も三角持ち合いですね。きれいにロールリバーサルしていて、N字を描いてブレイクしています。もしレジスタンスラインを引いていれば、正しい戦略を立てられた可能性が高くなります。

このように、ライン1つで相場環境の見方が変わり、それがトレード戦略へ大きな影響を与えます。自分が引いたラインだけが正しいのではなく、「他の見方ができないか」「違う可能性はないか」など、常に謙虚な姿勢でチャート分析をしましょう。最初からこのラインと決めつけず、

図3-23 ライン１つで相場環境の見方が変わる

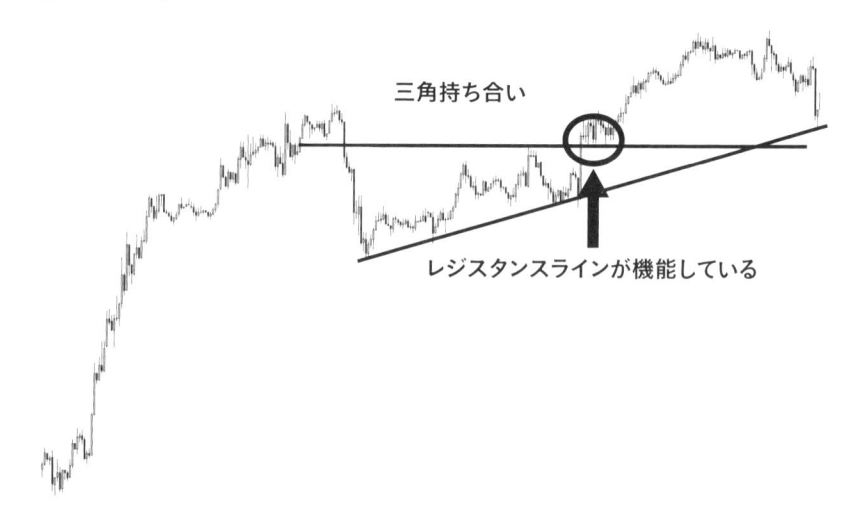

三角持ち合い

レジスタンスラインが機能している

いろいろ引いては消し、試してください。それが、確度の高いネックライ
ンを見つける正しい方法です。

20 | ⑥フィボナッチ

　フィボナッチは、フィボナッチ比率に基づいて、価格の「支持帯」と「抵抗帯」を予測するテクニカル分析の１つです。トレンドが発生したときに効果を発揮し、ネックラインを見つけるためにとても有効なツールです。

フィボナッチの計算方法を理解しよう

　フィボナッチとは人の名前で、12〜13世紀の中世時代に有名だったイタリアの数学者レオナルド＝フィボナッチに由来しています。フィボナッチ数列がどのようなものか、次の数字の並びを見てください。

「1, 1, 2, 3, 5, 8, 13, 21, 34, 55, 89, 144, 233, 377……」

　永遠と続くこの数列を、フィボナッチ数列といいます。この数列には特徴があり、ある数字と次に続く数字を見てみると面白い関係にあります。たとえば次の２つの法則です。

　まず１つ目は、連続する２つの数字の合計が次の数字になるものです。

　1 + 2 = 3

3 + 5 = 8
5 + 8 = 13

　これが、永遠と続いているのです。そして 2 つ目の法則は、限りなく次のような数字になるという原則です。

・その数字を 1 つあとの数字で割ると0.618になる
・その数字を 2 つあとの数字で割ると0.382になる
・その数字を 3 つあとの数字で割ると0.236になる

　たとえば、次の計算のようになります。

144 ÷ 233 = 0.618
13 ÷ 34 = 0.382
55 ÷ 233 =0.236

　そして、0.236、0.382、0.618という倍率を、「フィボナッチ比率」と呼びます。とても不思議ですが、この数字が為替市場でも機能するのです。
　フィボナッチは世界中の大多数の投資家が見ているテクニカルツールです。日本では、トレンドラインのような「ライン」がメジャーで、フィボナッチを使っているトレーダーは少ないかもしれません。しかし、自然の摂理に則っているのか、不思議なものでフィボナッチが機能することがよくあります。私はFXをはじめて15年が経ちますが、投資心理を織り込んだマーケットは往々にして自然の摂理に基づくと感じます。自然と押し目や戻しポイントを判断する習慣がつくようになりました。

人間の心地いい心理状態を表したもの

　このフィボナッチ比率は、木の枝分かれ、ひまわりの種の配列など、自然界にも見られます。また、ピラミッドやモナリザなど、多くの歴史的建造物・芸術作品にも見出すことができます。大多数の人が見て、美しいと感じるものですね。この比率は、人間が心理的に「心地がいい」とされる数字といわれています。集団心理を織り込んだマーケットを一種の芸術作品と考えると、フィボナッチ比率が働きやすいといえます。

　相場においても、こうした数字が「心理的」もしくは「テクニカル的」に支持帯や抵抗帯になっているというのは不思議なことです。しかし、押し目や戻りポイントを測る、ポジションを持つ、手仕舞いするなど、トレードで利益を上げるための売買根拠を求めているのは、他でもない人間です。そこには集団心理が入り込み、フィボナッチ比率が働くのは、実は自然なことなのかもしれません。

　フィボナッチを使った相場の見方には、「フィボナッチファン」「フィボナッチエクスパンション」など、10種類近くの方法があります。ラインの引き方による違いだけで、フィボナッチ比率を使うことは共通しています。

　私はネックラインを一番見つけやすい、「フィボナッチリトレースメント」を採用しています。フィボナッチリトレースメント以外はマイナーなので、知らなくても問題ありません。私もリトレースメント以外はくわしく知りませんし、いっさい活用していません。リトレースメントは「引き返す」「後戻りする」という意味です。相場は一方向へ進むことはなく、必ず「押し目」や「戻り」を作る習性があるため、あらかじめフィボナッチリトレースメントを引くことで、反転する可能性がある価格帯が予測できます。

フィボナッチを引いてみよう

　フィボナッチ比率が機能するのは、トレンドが発生したときです。そのため、**フィボナッチはトレンドが発生する前ではなく、トレンドが発生したあとに引きます**。図3-24のチャートを見てください。上昇トレンドの場合の引き方です。

　最初に、そのトレンドの安値と高値を見つけます。Aが安値、Bが高値です。そして、AからBを結ぶとフィボナッチ比率が自然に表示されます。MT 4の場合は、チャートの右側に表示されます。AからBの値幅に対して、23.6％、38.2％、50.0％、61.8％の価格帯に、自動的に水平ラインが表示されるのです。下降トレンドの場合は逆で、高値から安値に向かって引きます。

図3-24 ▎MT 4に表示されるフィボナッチ比率

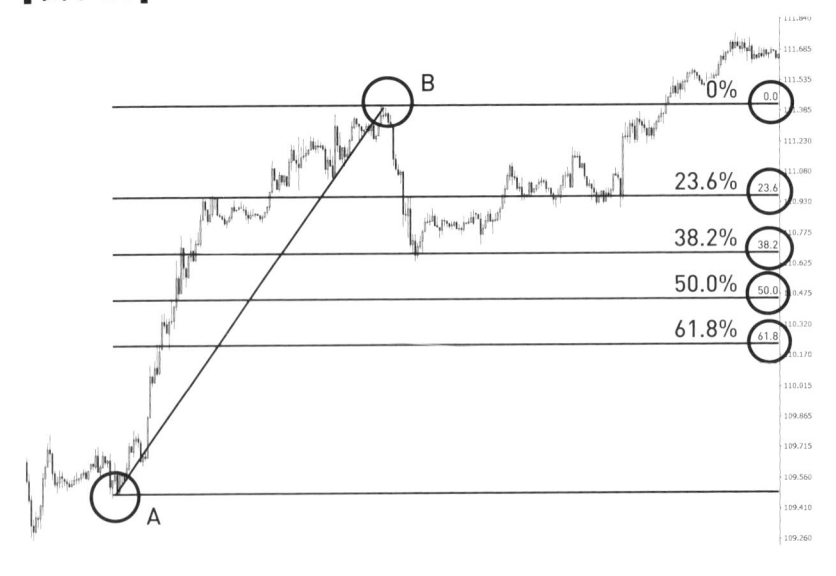

「23.6％、38.2％、50.0％、61.8％」の比率がサポート・レジスタンスになる

　マーケットでは、トレンドが発生したあと「半値押し」「3分の1戻し」といった言葉がよく使われますが、フィボナッチでは、「23.6％」「38.2％」「50.0％」「61.8％」の比率がとても重要視されます。フィボナッチを使う投資家はこの4つの比率を特に意識するため、価格がこれらの比率に近づくと、サポートやレジスタンスになることが多くなります。

　図3-25のチャートを見てください。図3-24と同じチャートですが、CとDがサポートラインとして機能していることがわかります。Cはフィボナッチ比率38.2％、Dは23.6％です。適当に安値から高値を結んでフィボナッチを引き、偶然この比率で反発しているわけではありません。下落してくれば、C、Dがサポートラインとしてさらに意識されることは間違いないでしょう。

▌図3-25▌ サポートラインとして機能するフィボナッチ比率

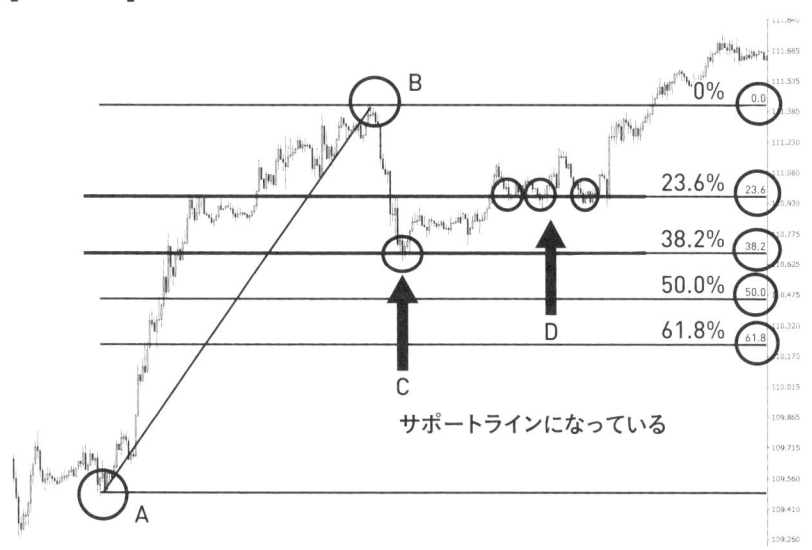

トレードの世界で使うフィボナッチ比率は、この4つが重要です。逆に、これ以外の比率は使われないため、覚えなくてもいいでしょう。

ヒゲか実体か……正確に引く必要はない

　フィボナッチを引くとき、起点をローソク足のヒゲに合わせるのか、それとも実体に合わせるか、最初は迷うと思います。これは、どちらが正しいという正解はありません。サポートライン、レジスタンスライン、トレンドライン、チャネルラインも同じ考え方です。

　たとえば、安値の起点をヒゲにし、高値を実体に合わせ、ヒゲ→実体でフィボナッチを引いたとします。しかし、23.6%で反応がないとき、フィボナッチがまったく機能していないと決めつけてチャート上からラインを削除するのではなく、ヒゲ→ヒゲや実体→ヒゲなど、引き直してみてください。

　私の場合、ローソク足のヒゲとヒゲを最初に結ぶようにしています。こうすることで、最安値と最高値の最大値幅を基準とし、この値幅からどれだけ押したのか、戻したのか判断するというのがルーティンになっています。ただし、ヒゲ→ヒゲが毎回機能するわけではありません。長い下ヒゲや上ヒゲが出ると、実体の場合に比べ、値幅は大きく異なるので、ヒゲ→ヒゲを引いてからヒゲ→実体などを試すようにしています。

トレンドは23.6％と38.2％に乗っていく

　フィボナッチは、トレンドが発生したときの高値と安値の値幅に対して、どれくらいの割合逆行したか（押し・戻しが発生したか）という分析方法です。使う場面をトレンド発生時に絞ることにより、効果的に利用できるようになります。

　相場は、レンジ相場→ブレイク→トレンド相場のサイクルでしたね。トレンド相場でもジグザグを描きながら進んでいきます。図3-26のチャートは下降トレンドのときです。

図3-26 ｜ フィボナッチ23.6％が機能する例

図3-27 ｜ フィボナッチ比率を意識して「Nの字」で動く相場

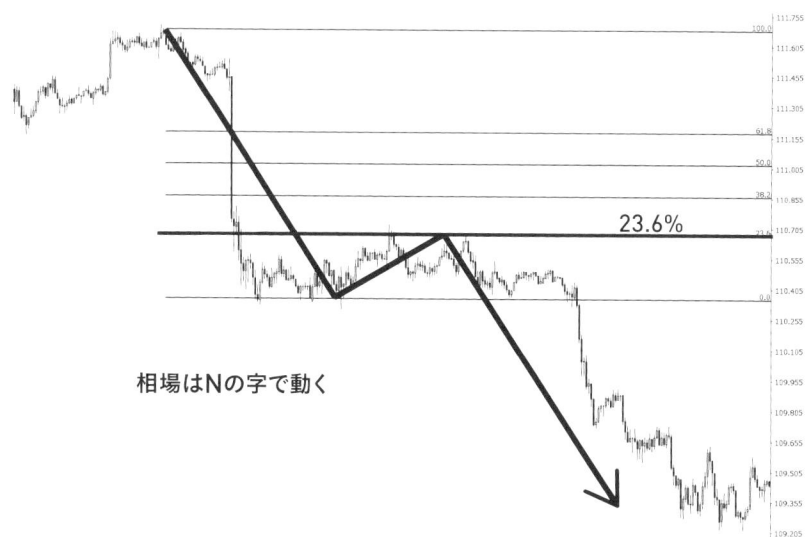

相場はNの字で動く

　A、Bで強いトレンドが発生し、Cが戻しポイントになりました。フィボナッチ比率は23.6％です。ここで一時的な反発が止まり、トレンド回帰して下落していますね。その後はBの安値をブレイクしています。

最終的にNの字で価格が進みました（図3-27）。相場は、必ずNの字で進むことも思い出してください。

　トレンドが発生すると、相場はNの字で進むので、小休止のあとトレンド回帰したら、必ず直近の安値（もしくは高値）を抜けてきます。つまり、戻し（押し目）を予測するだけでなく、**実際に予測通りに23.6％などのフィボナッチ比率で反転したときは、トレンド回帰して安値（高値）をさらにブレイクする確率が高くなることがわかります。**これには、先に説明したように、心理的に「心地のいい」数字であることも、押し・戻しのポイントになる理由があるのかもしれません。人間の心理的に、そろそろトレンド回帰するのではないか、と思いはじめる価格帯がフィボナッチに合いやすい、ということです。

　図3-26のチャートでは、戻しポイントになったフィボナッチ比率は、23.6％でした。ここで覚えておいてほしいのは、**トレンド回帰する場合は、23.6％だけでなく、38.2％も機能しやすい**という点です。Nの字を見るとわかりますが、きれいなN字は浅い押し目・戻しになります。

▎図3-28▎トレンドが強いと23.6％と38.2％が強く意識される

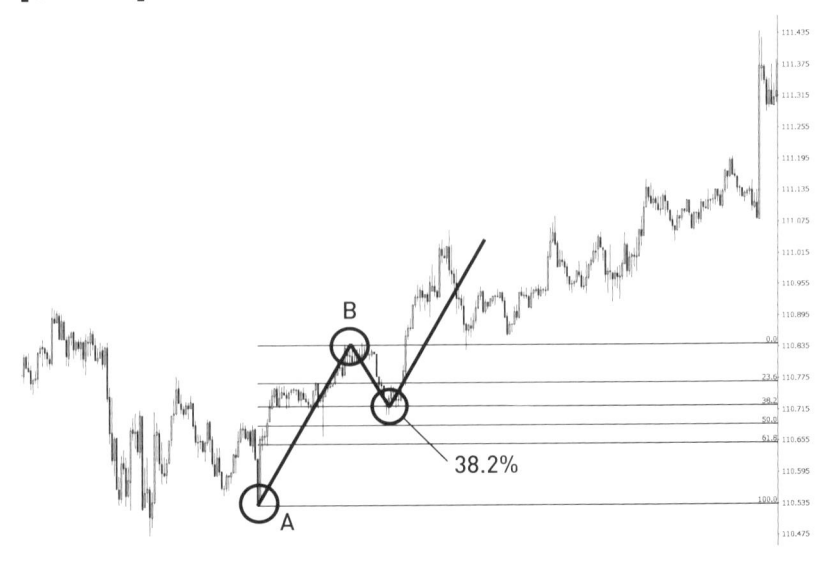

▌図3-29▐ 高値が異なってもフィボナッチ比率が機能する

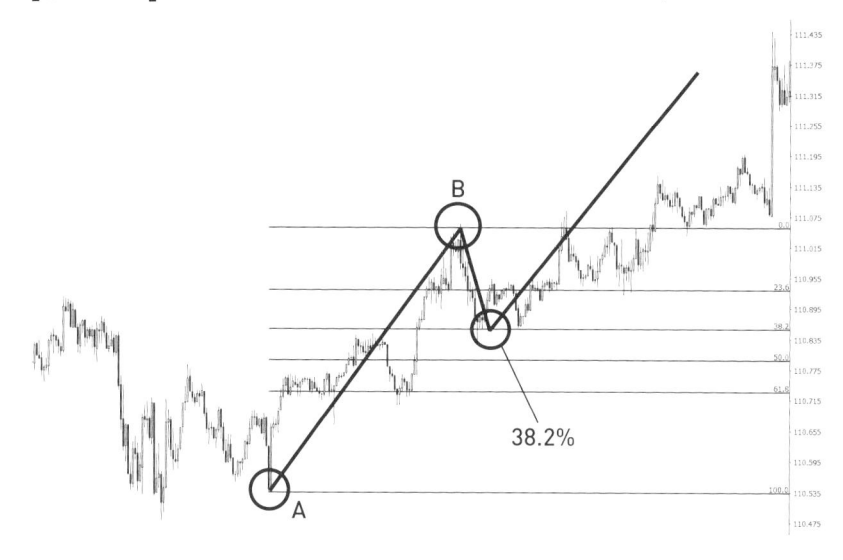

38.2%

　トレンドが強いと23.6％と38.2％が押し目・戻しとなって、さらにトレンドが継続することが多いこともおさえておきましょう。

　図3-28のチャートはA、Bを結び、38.2％がサポートになってトレンド回帰していることがわかります。きれいなNの字を描いていることもわかりますね。そして、次の図3-29も同じチャートですが、フィボナッチの起点となる安値Aは同じですが、高値Bは違います。先ほどよりもさらに大きなN字で、38.2％でトレンド回帰しています。

　ただ、トレンドは永遠に継続するわけではないので、注意しましょう。23.6％や38.2％に乗っても、ブレイクに失敗してトレンドが終了することもあります。また、50.0％や61.8％にきても、そこからすごい勢いでトレンド回帰することもあります。あくまでも、トレンドは23.6％と38.2％に乗りやすいという程度に考えて、判断材料に取り入れましょう。

21 ｜ ⑦ヘッド＆ショルダーズ

　為替市場は、レンジ相場→ブレイク→トレンド相場というサイクルで動いています。そして、ある相場から別の相場に移行するときに、チャートは特徴的なパターンを形成します。ヘッド＆ショルダーズは、そうした重要なチャートパターンの１つで、トレンド相場が終わるときによく見られる形です。ヘッド（頭）とショルダーズ（両肩）があり、チャートの形が人間の上半身に似ていることから、このような名前がつけられています。また、仏像が３体並んでいるようにも見えるため、日本では「三尊」ともいわれます。

　ヘッド＆ショルダーズは明確なネックラインが現れるため、価格が止まるか走るか、とても予測しやすいという特徴があります。１分足チャートと組み合わせるとスキャルピングの判断がとてもやりやすくなるので、おすすめしたいテクニカル分析です。

ネックには２つの意味がある

　図3-30のチャートの肩の部分がショルダーライン、首の部分がネックラインです。68ページで「ネックライン」はネックとなる価格帯という意味だと書きましたが、ネックには日本語で「首」という意味と「しこり、障害になる点」という意味の２つがあります。

ヘッド＆ショルダーズはトレンド終了時に現れる

　ヘッド＆ショルダーズを有効活用するために、絶対に覚えておかなければならない大前提があります。それは、**ヘッド＆ショルダーズは、「トレンドが終了するとき」に形成される形**ということです。トレンドが継続するか、終わるのか、ポイントを絞って相場を見ることができるため、この大前提を知っているだけでも効率よくチャート分析ができます。刻々と動くチャートを見ながら、ヘッド＆ショルダーズができそうだと思ったら、トレンドが終わるのか、それともトレンド回帰するのか、気持ちの準備をしておくべきです。

　図3-30でヘッド＆ショルダーズの形を見てみましょう。ヘッド（頭）とショルダー（肩）で構成されていて、形成後（右肩のチャートがネックラインを下抜けたとき）は上昇トレンドが終了しています。

▎図 3-30 ▎ヘッド＆ショルダーズの基本形

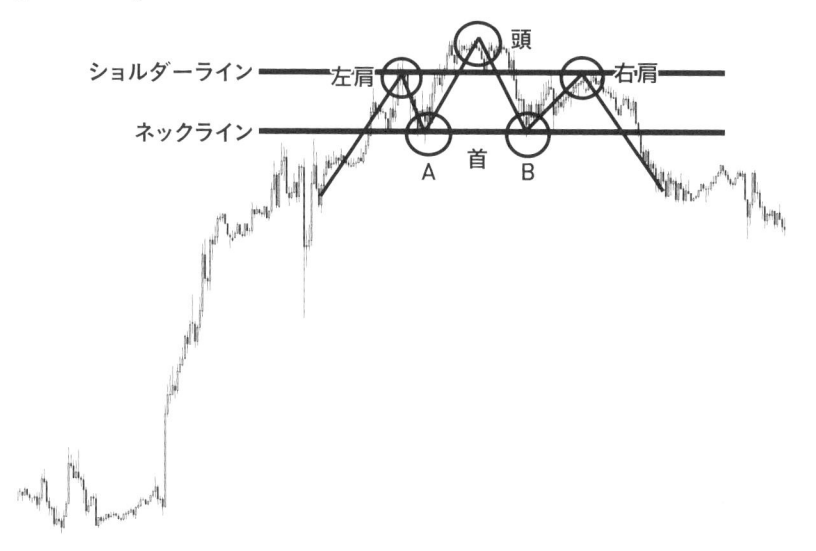

ネックラインが最も重要

　利益を出すために、最も重要で覚えておきたいのが、ネックラインです。なぜ重要かというと、このネックラインは、サポートラインになっているからです。

　あらためて図3-30を見てください。A、Bで価格が反発し、ネックラインがサポートラインになっています。そして、ヘッド＆ショルダーズは、この右肩部分のサポートラインを下抜けることで、形が完成します。このラインは最後のサポート（抵抗帯）となるため、売買が急増して相場が変わるポイントになります。1分足スキャルピングでも、エントリーサインが出た箇所がヘッド＆ショルダーズのネックライン付近であることはよくあります。

下降トレンドでは「ヘッド＆ショルダーズボトム」

　これとは逆向きで、下降トレンドが終了するときに見られる形を、ヘッド＆ショルダーズボトム（逆三尊）といいます。

　なお、ヘッド＆ショルダーズで説明したことは、ヘッド＆ショルダーズボトムにおいて、すべてその逆があてはまるので、読み替えてください。上昇トレンドで通じることは、下降トレンドでも同様の見方をすることと同じです。

ヘッド＆ショルダーズが形成されるストーリー

　ヘッド＆ショルダーズは、相場が動くとすぐにできるものではなく、売りと買いの売買が交錯した結果できるものです。1分足だと、最低でも1時間前後はかかります。少なくとも10分や20分では形成されません。

　相場は、「Nの字」で進むという仕組みを思い出してください。上昇トレンドの場合、価格が上がりはじめて高値を更新すると一時的な反落があり、そこが押し目となってトレンドに回帰していきます。トレンド

図3-31 Cの右肩ができるかどうかはわからない

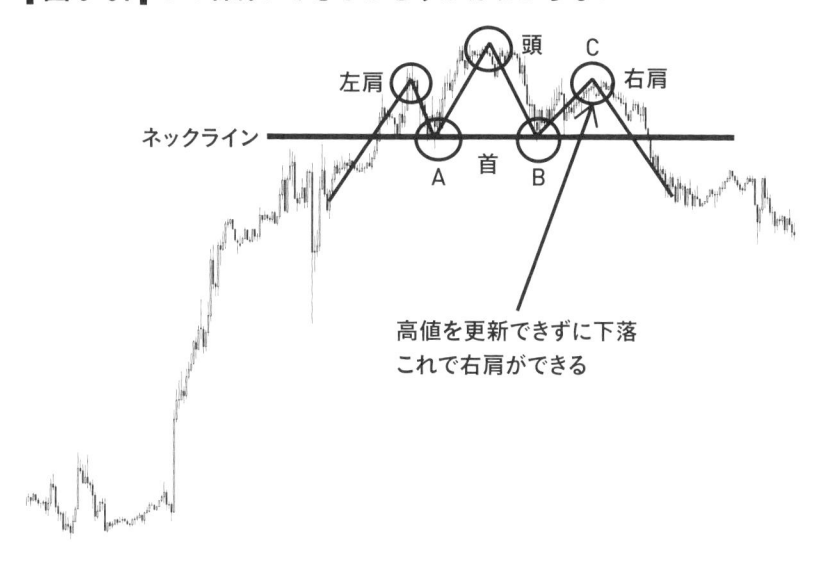

高値を更新できずに下落
これで右肩ができる

に回帰するということは、直近の高値を更新するはずです。しかし、高値を更新できないときがあります。それが右肩となり、下落してショルダーとネックラインができます。図3-31のチャートで見てみましょう。価格がBにきたときをイメージしてください。現在は上昇トレンドですが、このとき2通りの想定ができます。

① 最高値（頭のてっぺん）を更新していくパターン
② 高値更新できずに、Bを下抜けるパターン

　一般的なFXの書籍での解説や、インターネットでの解説サイトでは、結果的にできあがったヘッド＆ショルダーズを見ているからその形がわかりますが、実際のトレードでは、Cの右肩ができるかどうか、わからないということです。

　ただし、1分足スキャルピングの利点は、数pipsを取るだけでいいのですから、長いローソク足で価格が反応するポイントを見つけておけばいいわけです。

今回の場合、Cで上にいくか、それとも下にいくかわかりませんが、ショルダーになりうるポイントなので、価格が反応して数pips程度の反落が想定できます。もちろんヘッド＆ショルダーズ完成後もネックラインが明確なので、トレードの目安にすることができ、チャンスはさらに増えていきます。

ヘッド＆ショルダーズ完成後のネックラインは強いレジスタンスラインになる

価格がネックラインを下抜けると、ヘッド＆ショルダーズが完成します。完成するまで、ネックラインはサポートラインの役割でしたが、**下抜けるとロールリバーサルになり、今度はレジスタンスラインになります。**

ヘッド＆ショルダーズは、トレンド終了時に現れるパターンですから、このレジスタンスは、より強い売り圧力になるものです。単なるレジスタンスラインではなく、長らく続いてきた上昇トレンドがいよいよ終了したことを意味するからです。

トレンド終了時に必ずヘッド＆ショルダーズができるわけではない

このように、ヘッド＆ショルダーズは上昇トレンドが終了するときのチャートパターンです。しかし、トレンドが終了するたびに、必ずヘッド＆ショルダーズが形成されるわけではありません。トレンドが終了する際のサインの1つにすぎず、これが形成されないとトレンド転換しない、ということではありません。

ただし、ヘッド＆ショルダーズの信頼度は高いものがあります。なぜかというと、相場はプロセスで動いているからです。たった1か所で偶然に形成されるものではなく、ローソク足数十本から数百本という長い時間をかけて形成されるものです。ヘッド＆ショルダーズの形が作られ

るということは、ひときわ長い時間を要した分、大多数のトレーダーも見ているので、機能しやすくなります。

　また、上昇トレンドの天井付近でヘッド＆ショルダーズが形成されたからといって、下降トレンドになるとはかぎらず、下降トレンドになる場合もあれば、横ばいになる可能性もあることに注意が必要です。ただ、どちらにしても、上昇トレンドが終了する可能性が高いことは、間違いありません。

形が完成すると2倍の値幅が出る

　ネックラインを下抜けてヘッド＆ショルダーズが完成すると、ヘッドとネックラインの2倍の値幅が出るのが一般的です。

　図3-32のチャートを見てください。ヘッド＆ショルダーズボトムのネックラインが形成されたあと、Bの値幅の2倍であるAが節目になっています。つまり、Aの値幅＝Bの値幅です。形が完成したあとも、次はどこまで値が進んで、どこで値が止まりやすいのか予測できます。

図3-32 完成するとヘッドとネックラインの値幅の2倍が出る

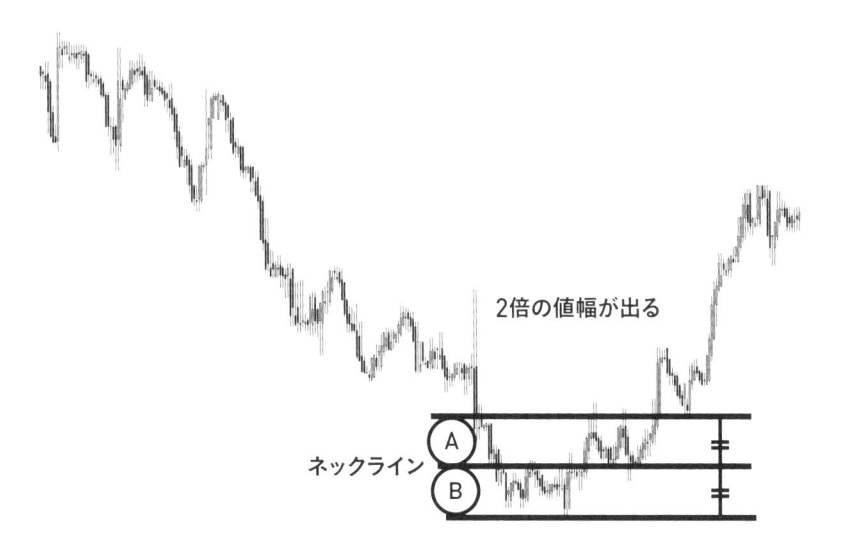

2倍の値幅が出る

ネックライン

A

B

図3-33 値幅を達成しラインで止まったところがチャンス

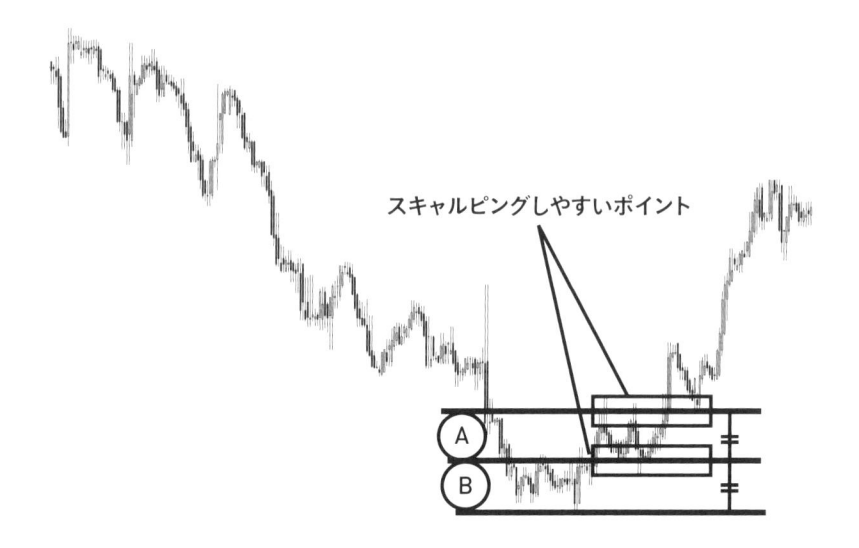

図3-33のチャートを見てください。四角で囲んだポイントは、値幅を達成したポイントで、かつレジスタンスラインとサポートラインがあります。つまり、ネックラインということです。ここは売買が交錯して乱高下しやすいポイントです。上ヒゲと下ヒゲが多いのがわかると思いますが、スキャルピングで数pips取れるチャンスになります。

ネックラインは水平とは限らない

ヘッド＆ショルダーズにおけるネックラインは、常に水平とは限りません。トレンドラインを引くイメージで、高安値に合わせて引くといいでしょう。結果として水平になる場合と、斜めになる場合がありますが、特に斜めになる場合は、水平ラインのときより見落としやすいので、注意が必要です。図3-34のチャートを見てください。この相場はいろいろな情報が引き出せるので、順番に見ていきます。

時間の流れを追っていきます。まず下降トレンドであることがわかります。最安値をつけたあと、ヘッドを作って上昇し、再度下げようとし

■図 3-34 ■ 斜めにネックラインを引いてみる

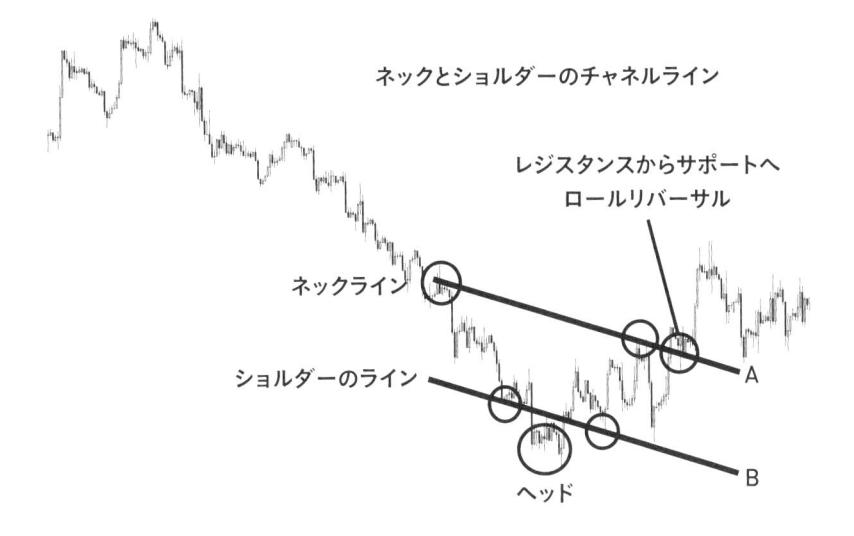

ネックとショルダーのチャネルライン

レジスタンスからサポートへ
ロールリバーサル

ネックライン

ショルダーのライン

A

B

ヘッド

ますが、下げ止まってショルダーのラインができます（Bのライン）。
ここで、ヘッドとショルダーを意識できるといいでしょう。さらに下げ
て安値更新するのか、それとも下降トレンドが終了してレンジ、もしく
は上昇トレンドがスタートするのかのどちらかが考えられます。下降ト
レンドが終わるなら、ヘッド＆ショルダーズボトムが形成される可能性
が高いと想定できます。

　ただ、実際にヘッド＆ショルダーズボトムになるかどうかは、この時
点ではわかりません。そこで、ショルダーのラインと同じ角度のネック
ラインを引いてみます。同じ角度、つまり、チャネルラインになります
（Aのライン）。そして、実際にAのネックラインで反落したので、この
時点でヘッド＆ショルダーズボトムは未完成ですが、A、Bのチャネル
ラインが機能したことはわかります。機能するライン、つまりネックと
なるラインを見つけることが重要なので、ヘッド＆ショルダーズボトム
が未完成でも、スキャルピングは可能です。

　その後は、Aを上抜けてヘッド＆ショルダーズボトムが完成していま
す。Aは下降トレンドラインでレジスタンスラインなので、ここを上抜

けると、サポートラインに役割転換します。今回のチャートは「Nの字」
を描いて上昇していきました。

押し目や戻しはいずれネックラインの起点になる

　このように、1つのヘッド＆ショルダーズボトムから、いろいろな情
報を引き出すことができます。今回だけでなく、どの相場でも情報はた
くさん引き出せるので、よく観察するようにしてください。ヘッド＆シ
ョルダーズを含め、ネックラインを見つけるコツは、トレンドが発生し
ているとき（今回は下降トレンド）に戻しポイントがあれば、「将来的
にショルダーやネックラインになるのではないか」という見方をするこ
とです。

　図3-34のAのネックラインの左端は、下降トレンドの最中の戻しポイ
ントです。また、Bのショルダーのラインの左端も、戻しポイントにな
る最安値ですね。トレンド発生中の小さな「山」や「谷」は、いずれライ
ンを引く起点になるのです。これを頭に入れておくと、ヘッド＆ショ
ルダーズが形成される前の段階から、「この価格帯がネックラインにな
るかもしれない」という予想ができ、先回りして準備できるようになる
でしょう。

異なる時間軸を組み合わせる

　ヘッド＆ショルダーズは、1つの時間軸だけで見るのではなく、時間
軸の違いを考慮するとなおいいでしょう。たとえば、日足レベルで1年
継続している長期の上昇トレンドがあったとします。あるポイントでは
1週間程度の下降トレンドになり、この下降トレンドが終了するとき、
ヘッド＆ショルダーズボトムが形成されたとします。私の経験則では、
1週間であれば、15分足でヘッド＆ショルダーズボトムが確認できる
はずです。日足では上昇トレンドなので、絶好の押し目になる可能性が
高くなります。つまり、このヘッド＆ショルダーズボトムの信頼度は、

より高いことになります。

　このように、異なる時間軸を組み合わせて判断することで、テクニカル分析もより確度が高くなります。それは、ネックラインが節目として強く機能することも意味します。

　このようにネックラインを見つけることで、スキャルピング全体の勝率が上がるでしょう。

22 ⑧波動

　相場の変動には、「相場はN字を描いて進む」という一定のリズムがあり、これを「N波動」といいました。相場は一見ランダムに動いているように見えますが、すべてこのN波動で説明ができるほど頻繁に現れます。

　波動には大きく分けて次の2つのくくりがあり、N波動は、その中の1つです。

① エリオット波動
② N波動を基本とした6つの波動

エリオット波動は5つの上昇波と3つの下降波

　エリオット波動は、N字の軌跡を波ととらえ、「上昇トレンドの場合、5つの上昇波と3つの下降波の合計8つの波で1つの周期を形成する」と定義したものです。これが相場のサイクルであり、値動きのリズムになります。

　図3-35を見てください。Nの字が連続することで発生する一連の流れがエリオット波動になります。下降トレンドの場合は逆で、5つの下降波と3つの上昇波で、上昇と下降を合わせて8つの波です。

図3-35 エリオット波動

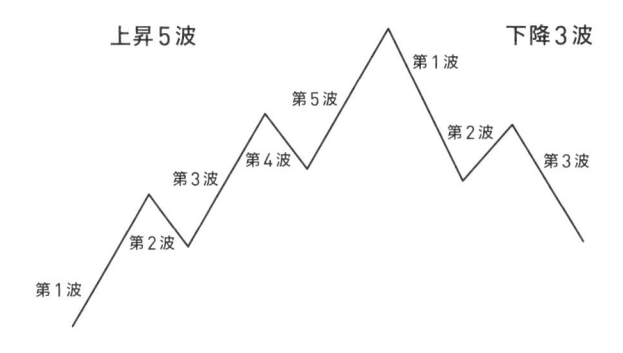

上昇5波　　　　　　　　　　　下降3波

第1波

第2波

第3波

第4波

第5波

第1波

第2波

第3波

　では、トレードでどのように活用できるでしょうか。これが一番大事な点なので、くわしく説明します。

　まず、長い時間軸、たとえば日足、4時間軸、1時間軸、15分足において、エリオット波動で相場の波を把握します。そうすると、今の相場環境がトレンドかレンジかがわかります。レンジなら様子見をし、トレンドなら、どこまで進んでどこで反転するか、ここまで解説したテクニカル分析、以降で解説する値幅観測やチャートパターンを組み合わせて予測することができます。最終的にはN字を形成するので、トレンドの大局がイメージできます。たとえば、「上昇トレンドの途中で第3波が発生したら、次は調整の反落があるかもしれない、その下げは、次の上昇トレンドのための一時的な下げだと予測できる」といったように大局をつかむことができます。

　そして、大きなチャートの流れを把握した状態で1分足スキャルピングを行なうと、すべてのトレードに強い根拠と自信が持てるようになります。特に、エンベロープとネックラインが重なったポイントは、勝率が非常に上がります。1分足スキャルピングに大局の把握はあまり関係ないと思うかもしれませんが、大きく関係します。むしろ、大局が把握

できなければ、どんな手法でも勝てないと思います。

　すぎ去ったチャートを分析する「あとづけ」は誰でもできます。しかし、未来の値動きを予測することになると、途端にほとんどのトレーダーができなくなるのが現実の世界です。エリオット波動は、現在進行しているチャートがどのような波なのかを教えてくれます。このあとどう進むのかを早い段階で示唆してくれるのです。それが、根拠の強いネックラインになるわけです。

┃N波動を基本とした6つの波動

　さて、「一連の流れ」をひとくくりでとらえるN波動に対して、次に解説する6つの波動は、「1つの動き」をとらえる見方です。言葉で聞くと難しいですが、チャートを見ていくとわかると思います。それぞれの特徴は図3-36にある通りなので、以下、特徴を書いていきます。

　I波動は、上昇や下落を1本の波でとらえたものです。I波動が連続すると、V波動になります。

　Y波動は、I波動とV波動が連続し、高値更新と安値更新を繰り返して徐々に広がっていく形です。方向性を出したがっていますが、なかなか決まらずに反転してしまうときに見られます。高値（もしくは安値）を更新するので、一見ブレイクに見えるときがあります。また、Y波動は、135ジ以下で説明するチャートパターンでいうと、「逆ペナント」「ブロードニング」になります。

　P波動は、Y波動とは逆に高値を切り下げると同時に、安値を切り上げて値動きが収束していくパターンです。「三角持ち合い」「ペナント」「トライアングル」といいます。三角の先端まで進むと、上下どちらかにブレイクしやすくなります。用語をまとめると、次のようになります。重要なのでおさえておきましょう。

・Y波動＝逆ペナント＝ブロードニング

図 3-36 ┃ N波動を基本とした6つの波動

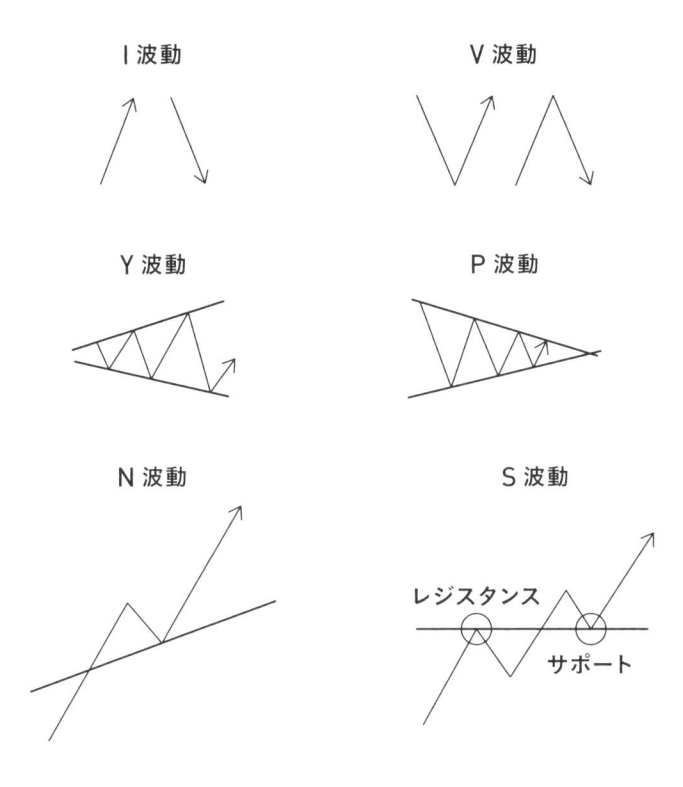

I波動　　　　　　　　V波動

Y波動　　　　　　　　P波動

N波動　　　　　　　　S波動

レジスタンス

サポート

・P波動＝三角持ち合い＝ペナント＝トライアングル

　I波動やV波動が連続したり、Y波動やP波動がブレイクしたりすると、最終的にN字になります。この形がN波動で、トレンドは、レジスタンスラインをブレイクし、押し目や戻りを作りながら、最終的にN波動になります。

　N波動が形成されるプロセスでは、ラインをブレイクします。ひとたびブレイクすると、レジスタンスとして機能していたラインがサポートになり、これはロールリバーサルといい、波動では「S波動」といいます。まとめると次のようになります。

・S波動＝ロールリバーサル＝ラインの役割転換

　以上の6つの波動を相場の流れでイメージすると、図3-37のように
なります。I波動が連続し、V波動やY波動、P波動ができます。レンジ
からブレイクし、トレンドが発生する場面ではS波動が見られるなどし

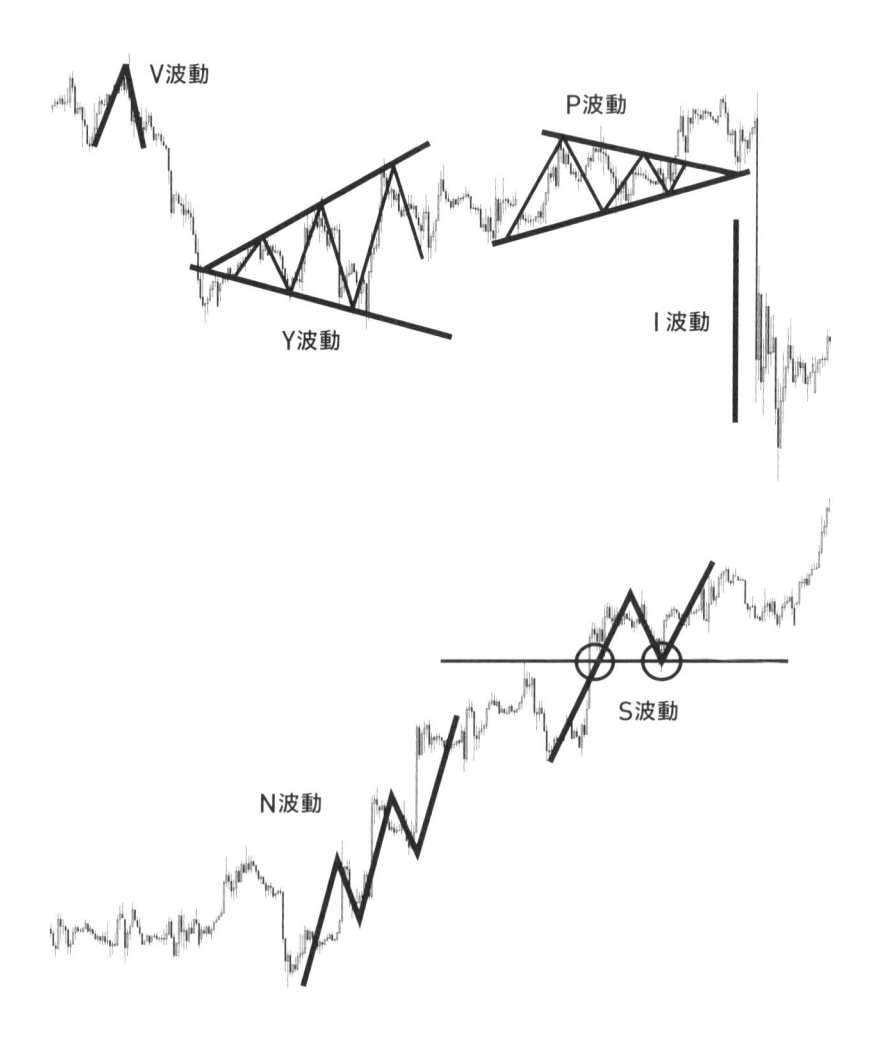

て、最終的にN波動になります。そして、N波動が連続してエリオット波動になります。

相場はN字で動くという原理がすべての基本

　相場の流れを、波動を活用して見るとき、6つの波動やエリオット波動など、どれにあてはまるのかわからないときは、どの波動にも共通したN波動を基準とし、相場は最終的にN字で動く、と考えることがおすすめです。

　レンジ相場のときは、このあとブレイクしたらN波動が出るという準備ができます。また、トレンド発生時なら、どのようなN波動が発生しているかにより、第2波以降の値動きを予測することができます。これは1分足も含め、どの時間軸でも同じ見方です。相場の見方に基準を作ることで、そこから逸脱したときに気づきがあったり、トレードがしやすくなったりするのです。

23 | ⑨値幅観測

　値幅観測は、価格がどこまで進むかを計算する方法です。トレンドは達成感が出るまで進みます。また、トレンドは、その流れが否定されるまで継続するものです。トレンドはN波動なので、Nの第1波よりも第3波が極端に短いということはありません。N字になるのですから、押し目のあとにトレンド回帰すると、相応の長さが出てN波動になります。

4つの値幅観測方法

　値幅観測は、チャネルラインの応用編に位置づけができます。2本のラインが平行だと「一定の値幅をキープ」するため、チャネルラインそのものが値幅の基準になります。チャネルラインと値幅の取り方は後ほど説明しますが、それ以外にも次の4つの値幅観測方法があります。

①N計算　②NT計算　③V計算　④E計算

　4つの名前はアルファベットのため、波動と似ていて多少混乱するかもしれませんが、実践するとすぐに覚えられます。ポイントはすべてN波動が基準になっていることと、2倍という値幅です。上昇→下降→上昇の3つの波の中で、どこの値幅を2倍取るか、という違いだけにな

図3-38 4つの値幅観測（上昇トレンドの場合）

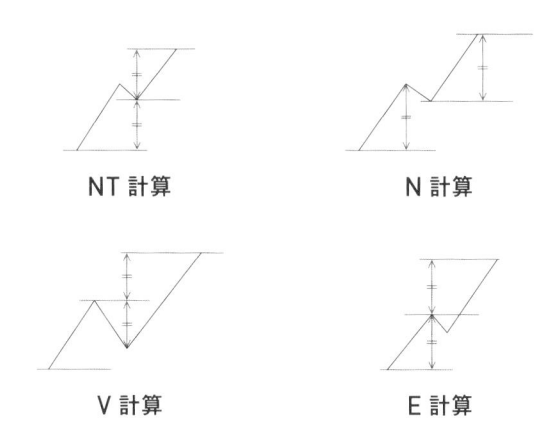

NT 計算　　　　　　　N 計算

V 計算　　　　　　　E 計算

ります。図3-38は上昇トレンドですが、下降トレンドの場合はその逆になると考えてください。

　実際のチャートにあてはめるとわかりやすいので、図3-39〜3-42を見てください（4つの例はすべて同じチャートです）。

　値幅をどこからどう取るかはそれぞれ違いますが、どの計算方法も「基準の2倍」という部分は共通です。

　値幅観測するときのコツは、値幅の短い順番でとらえることです。NT計算もしくはV計算→N計算→E計算となっています。たとえば、V計算よりもE計算のほうが値幅は長いので、相場に勢いがあるときはE計算を目安にします。いつも特定の計算方法、たとえばV計算ばかり見ていると、N計算など別の計算方法で見るべき相場のときに混乱してしまい、対応することができなくなります。重要なことは4つの可能性を考え、どの値幅を達成したのか（そうなるのか）、時間軸の異なるトレンド方向と他のテクニカル指標を組み合わせて総合的に判断することです。

図3-39 NT計算

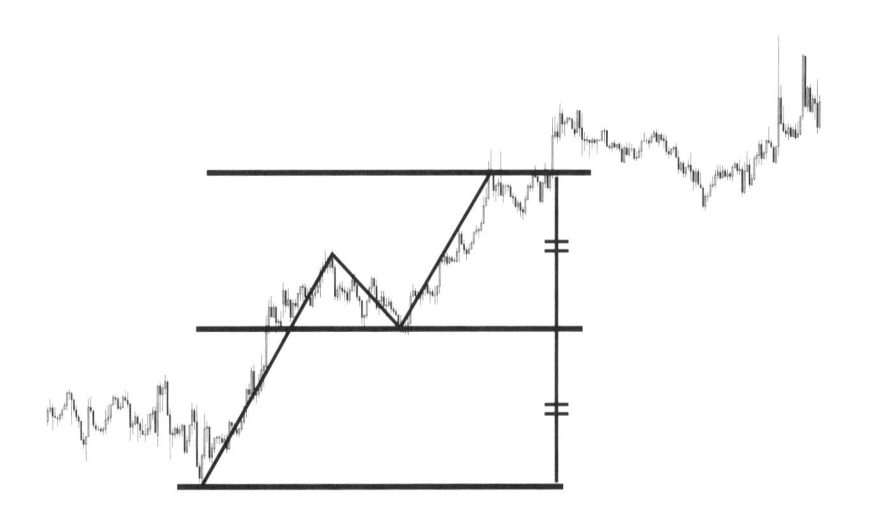

図3-40 V計算

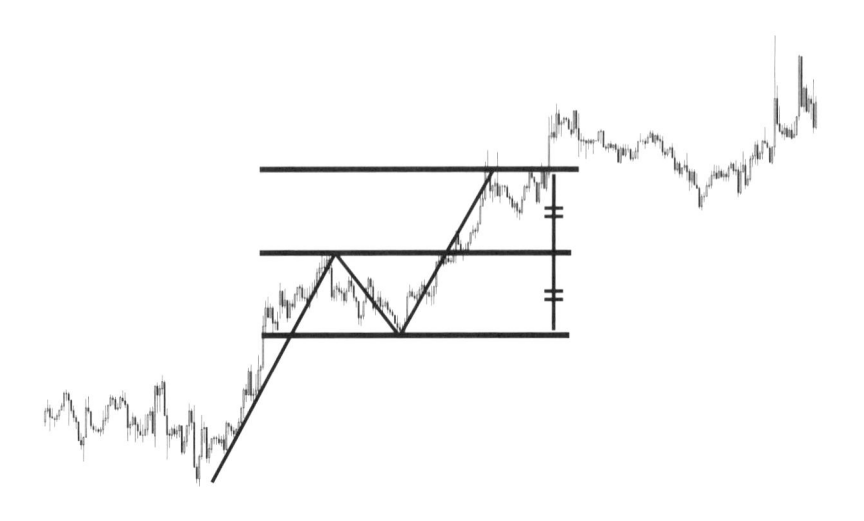

図 3-41 N計算

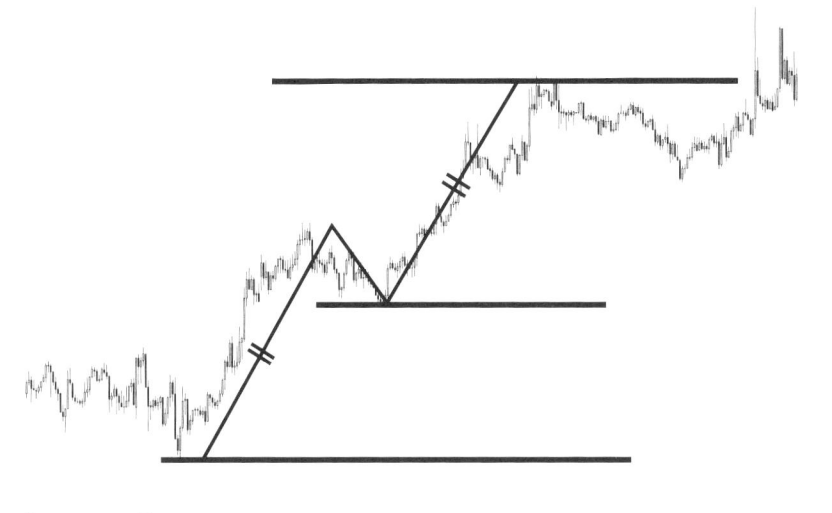

図 3-42 E計算

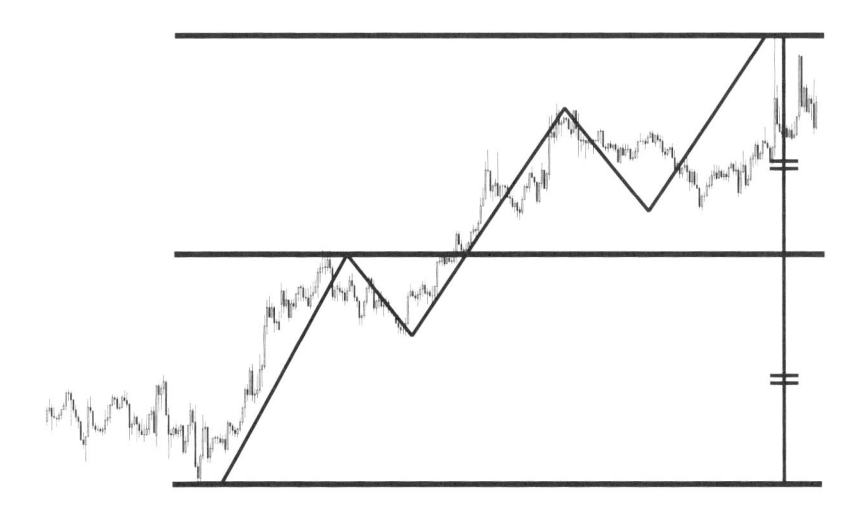

MT4で値幅観測を行なう便利な方法

　値幅観測を行なううえで、どのように2倍の値幅を測ればいいのでしょうか。目視でなんとなく2倍だと推測し、そこにラインを引くのでしょうか。そんなことでは毎回ずれてしまいます。また、面倒になって結局やめてしまうでしょう。値幅観測は、チャネルラインの高値と安値が基準になりますから、同じ値幅のチャネルラインを2つ引けば、値幅はぴったり測ることができます。そしてそのチャネルラインを移動すれば、チャート上どこでも同じ値幅を検証することができます。そこで、MT4上でチャネルラインを複製する方法を紹介します。とても便利な機能なので、ぜひ覚えて活用してください。

　まず、チャネルラインを引きましょう。図3-43を見てください。MT4の上部にある、丸印の箇所をクリックしたあと、カーソルをチャート上に持っていき、チャート上でドラッグするとチャネルラインが引けま

図3-43 チャネルラインの複製方法①

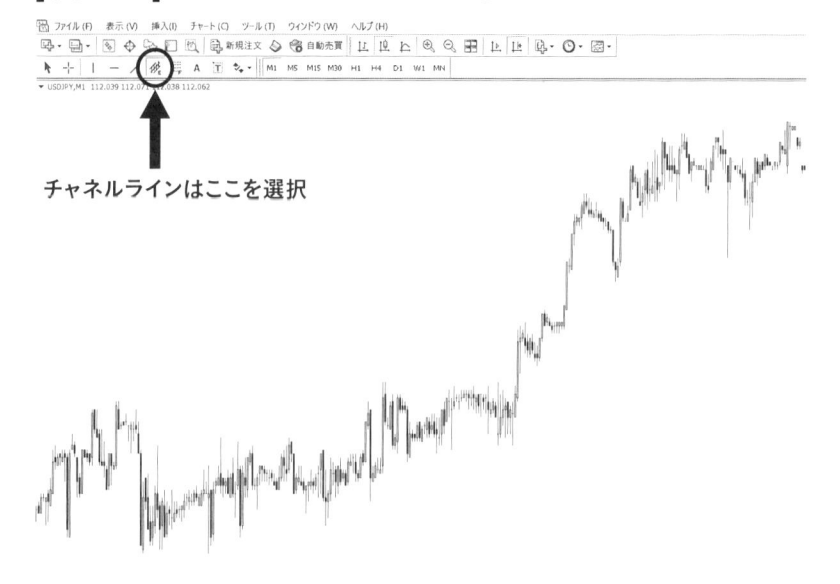

チャネルラインはここを選択

図3-44 チャネルラインの複製方法②

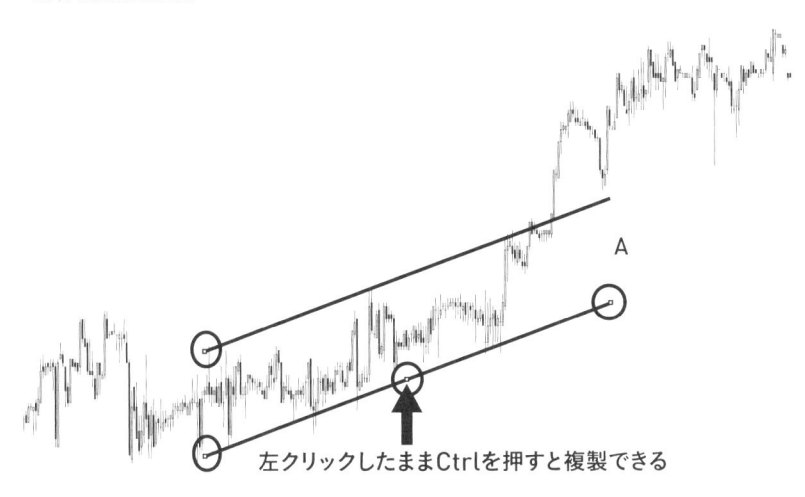

左クリックしたままCtrlを押すと複製できる

図3-45 チャネルラインの複製方法③

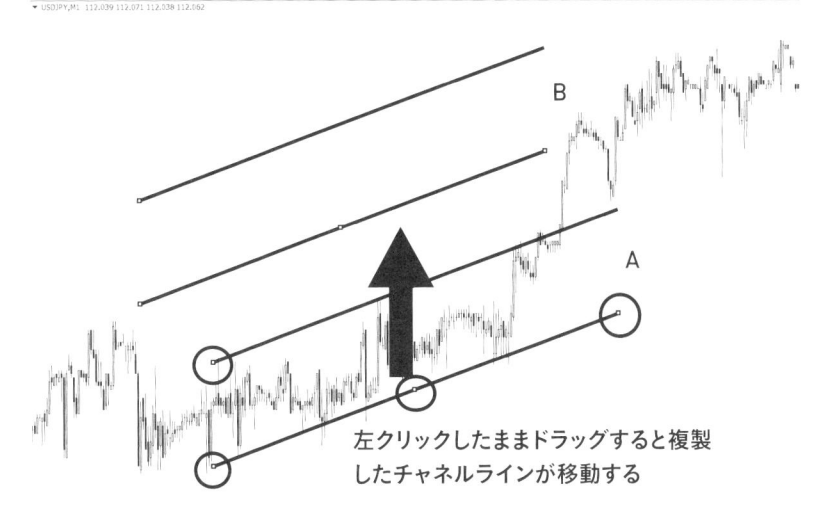

左クリックしたままドラッグすると複製
したチャネルラインが移動する

す。任意の場所にラインを引いたあと、ライン上でダブルクリックして選択し、位置などを調整するといいでしょう。

　基準となるチャネルラインを引いたら、上下2本のうち、下のラインをダブルクリックします。そうすると、図3-44のように、選択ポイントが3つできるので、真ん中のポイントにカーソルを合わせ、「Ctrl」キーを押しながら左クリックしてラインをドラッグします。

　これで同じ幅のチャネルラインが複製できます（図3-45）。これで値幅観測がわかりやすくなります。最初にチャネルラインを引いて相場に合わせた値幅を取り、チャネルライン複製していろいろな箇所で値幅観測を検証できるようになります。

┃ 値幅を達成したらトレンド転換するわけではない

　ここで注意したいのは、値幅を達成したら必ずトレンドが反転するわけではないということです。いったん反応する（反落・反発する）ポイントになっても、それが押し目や戻しポイントになって、さらにトレンド回帰してブレイクすることもあります。反応しても、トレンド転換するとは考えないようにしましょう。また、値幅を取ってもまったく反応せずに、スーッと抜けてさらに上昇したり下落したりすることもあります。

　ただ、スキャルピングの場合、反転までしなくても、数pips程度の反応で十分なので、値幅観測は大いに活用できます。

24 ｜ ⑩チャートパターン

　チャートパターンは、ローソク足の集合体が特徴的な形に見えるため、その名がつけられたものです。チャートパターンは全部で10個あります。これらは頻繁に出現するので重要です。三角持ち合い（93ジ）やヘッド＆ショルダーズ（112ジ）もチャートパターンの1つです。

┃チャートパターンは大きく分けて2つある

　チャートパターンが出ると、その後の値動きに決まったパターンがあらわれやすく、それは値動きを予測しやすいことを意味します。どれも共通しているのが、これまで見てきたように、「ネックライン」が必ず存在することです。チャートパターンは「トレンド回帰型」と「トレンド転換型」の2つに分けられ、どちらも5個ずつあります。

┃トレンド回帰型
　① トライアングル
　② ブロードニング
　③ ペナント
　④ フラッグ
　⑤ ウェッジ

▌トレンド転換型

　① ヘッド＆ショルダーズ（↔ヘッド＆ショルダーズボトム）

　② ダブルトップ（↔ダブルボトム）

　③ ソーサートップ（↔ソーサーボトム）

　④ ライントップ（↔ラインボトム）

　⑤ スパイクトップ（↔スパイクボトム）

　トレンド回帰型とは、そのチャートパターンが出てネックラインができると、トレンド方向へブレイクするというものです。ただし、必ずトレンド回帰するのではなく、その可能性が高いというだけです。1分足スキャルピングにとって重要なのは、チャートパターンが形成されたらネックラインで反発、もしくは反落する可能性が高いということです。

　チャートパターンは、ラインを引くことで発見できるので、本CHAPTERでここまで説明してきたテクニカル分析の延長上にあるものです。

　三角持ち合いを発見するためには、まずトレンドラインを引く必要がありましたが、それと同じで、さまざまなラインを引いていると、あるチャートパターンが発見できるようになります。一度に覚えようとすると少し大変かもしれません。コツはラインを引き、まずはネックラインを見つけることです。最初からチャートパターンを探しても、まず発見できません。それよりも、チャートパターンの名前は意識せず、ラインを引いてネックラインを見つけるようにしましょう。そうすることで、「そういえばこの形は三角持ち合いだ」というように気づけるようになります。チャートパターンはこれまでの復習になり、また、応用編ともいえます。ここまで紹介してきたテクニカル分析を思い出しながらイメージしてください。

トレンド回帰型

トレンド回帰型はトレンドの中段に表れます。このチャートパターンが出ると小休止となります。トレンド回帰のためのモミ幅だと考えてください。トレンドの中段とは、上昇トレンドのエリオット波動でいうと、第2波や第4波の押し目になるポイントです。

① 3種類のトライアングル

トライアングルは、図3-46のように3種類あります。違いは上昇トレンドラインと下降トレンドラインの角度です。大切なことは名前を区別することではなく、高値（安値）の切り上げ（切り下げ）に気づくことです。また、トライアングルは、三角持ち合い、波動でいうとP波動です。

図3-46 3種類のトライアングル

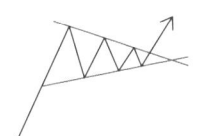

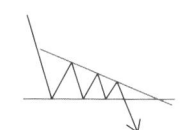

シンメトリカル
・高値切り下げ
・安値切り上げ

アセンディング
・高値は変わらず
・安値切り上げ

ディセンディング
・高値切り下げ
・安値は変わらず

② ブロードニング

ブロードニングはY波動になります。高値と安値を広げていく、P波動とは逆のパターンなので、124°のY波動の箇所で形は確認してください。

③ ペナント　④ フラッグ　⑤ ウェッジ

　ペナントはトライアングルと同じです。フラッグとウェッジは名前の通り、旗とくさびの形をしたパターンです。

図 3-47 ペナント、フラッグ、ウェッジ

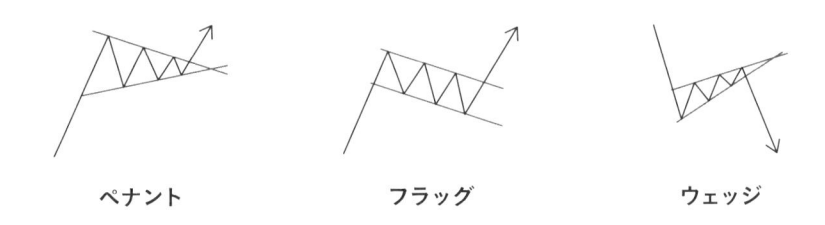

| ペナント | フラッグ | ウェッジ |

　以上のように、トレンド回帰型には、トライアングル、ブロードニング、ペナント、フラッグ、ウェッジの5種類があります。毎回、必ずこの5つのパターンというわけではありません。高値（安値）の切り上げ方（切り下げ方）は微妙に違ってきます。実際のトレードではどの種類のパターンを形成しているか、その名前をあてることは必要ないので、単に持ち合いを作っているという程度の認識だけでもいいでしょう。

トレンド転換型

　トレンド転換型はトレンドの天井や底に表れ、これらが出ると反転を示唆します。トレンド回帰型のチャートパターンは、上昇トレンドおよび下降トレンドの小休止で形成され、どちらのトレンドでも同じ名前でした。しかし、反転型は天底という名前の通り、上昇トレンドの場合は天井で、下降トレンドの場合は底で形成されます。そのため、上昇トレンドの天井で形成されるパターンを「トップ」といい、下降トレンドの底で形成されるパターンを「ボトム」といいます。ヘッド＆ショルダーズと、ヘッド＆ショルダーズボトムを思い出してもらえるとわかりやすいと思います。

① ヘッド＆ショルダーズ（↔ヘッド＆ショルダーズボトム）
② ダブルトップ（↔ダブルボトム）
③ ソーサートップ（↔ソーサーボトム）
④ ライントップ（↔ラインボトム）
⑤ スパイクトップ（↔スパイクボトム）

　この5つもネックラインをいかに見つけるかが重要です。ネックラインがどこで引けるのか、焦点をネックラインにあてると、すぐに実践で活用できると思います。

① ヘッド＆ショルダーズ（↔ヘッド＆ショルダーズボトム）

　ヘッド＆ショルダーズは、ヘッド（頭）部分とショルダー（肩）部分で構成されていて、上昇トレンドが終了するときに見られるチャートパターンです。112ページのヘッド＆ショルダーズの箇所で確認してください。

② ダブルトップ（↔ダブルボトム）

　ダブルトップは、2つの山（2つの高値）があり、天井圏を示唆するパターンです。図3-48のように2つ目の山が高値を更新するかしないかの違いで、3種類あります。真ん中に谷ができて、ここがサポートラインになり、ネックラインにもなります。ネックラインを下抜けると、ダブルトップの完成で上昇トレンドが終了したと判断されます。

▌図3-48▐ ダブルトップ

①高値切り下げ　　②同じ高値　　③高値切り上げ

底で形成されるのが、ダブルボトムです。ネックラインを上抜けると完成し、下降トレンドが終了したと判断されます（図3-49）。

図3-49 ダブルボトム

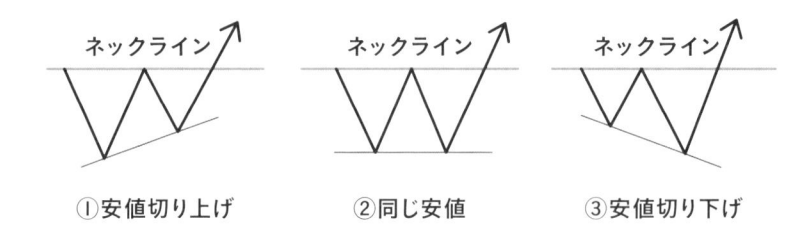

①安値切り上げ　②同じ安値　③安値切り下げ

②'シングルトップ（↔シングルボトム）とトリプルトップ（↔トリプルボトム）

　ダブルトップ（ダブルボトム）の場合、高値（安値）が2つだったのに対し、高値（安値）が1つの場合を「シングルトップ（↔シングルボトム）」、高値（安値）が3つの場合を「トリプルトップ（↔トリプルボトム）」といいます。

　シングルトップは逆V字型、シングルボトムはV字型といい、ネックラインを見つけるのが難しいのが特徴です。チャートの形にもよります

図3-50 トリプルトップ、トリプルボトム

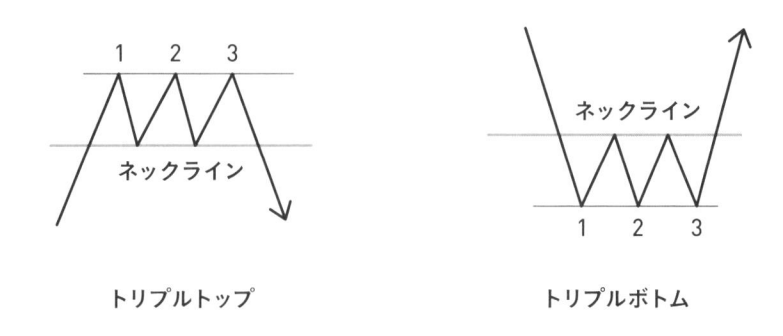

トリプルトップ　　　　トリプルボトム

図3-51 トレンドが発生するとチャートパターンが表われる

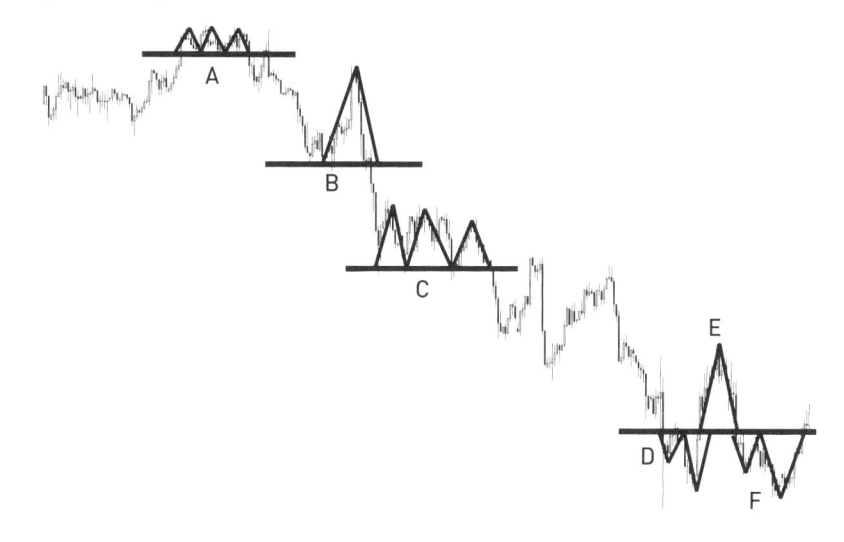

が、ダブルやトリプルに比べ、シングル型は山が1つなのででき上がっ
てあとから気づくことが多いです。リアルタイムで動いているチャート
で、ネックラインそのものをトレードに生かすことはとても難しいもの
があります。そこで、シングルの場合、形はあまり気にせず、「急激に
反転している」と把握すればいいでしょう。相場が急反転しているとい
うのは、ボラティリティが高まることや、トレンドが全否定されること
など、相場で何か起きているかもしれないと注意深くなれますね。

　トリプル型は図3-50で確認してください。高値(安値)が3つです。

　高値(安値)を1→2→3の順番でつけて、ネックラインをブレイ
クしていきます。ヘッド&ショルダーズも山が3つあるので、実はトリ
プルトップと同じです。唯一違うのは山の形です。ヘッド&ショルダー
ズは、真ん中の山が最高値になりますが、トリプルトップは1、2、
3のうちどこが最高値でも成り立ちます。図3-50は高値と安値がすべ
て同じ価格のパターンです。形が少し変形しただけで、ヘッド&ショル
ダーズは、トリプルトップの一部ということです。

　実際のチャートで見てみましょう(図3-51)。AからFまで、それぞ

れの形が見てとれます。太い水平ラインは、すべてネックラインになります。

A　トリプルトップ
B　シングルトップ
C　トリプルトップ
D　ダブルボトム
E　シングルトップ
F　ダブルボトム

　実は図3-51はトレンドが発生した1分足を任意に抜粋したのですが、考えているよりチャートパターンが多いと思うかもしれません。レンジのときは一定の値幅を取りとめもなく上下していますが、このようにトレンドが出ると押し戻しがあるため、高値と安値ができやすくなります。ローソク足が1本ずつ確定されていくうちに、高値や安値がダブル型などの天底になったりするわけです。**トレンドが出たときは、数十分で何かしらのチャートパターンができます。**これを知っているだけでも、チャートを見る目線が変わる気がしませんか。高値と安値を意識してネックラインを見つけると、どこで値が止まるか、もしくは動き出すか判断しやすくなります。これが「相場が読める」ということに他なりません。今よりも、トレードが楽しくなることは間違いないでしょう。

どの形なのかは曖昧でもいい

　1分足で細かく見ていると、高値があったとしても、見方によっては高値といえるのか迷ってしまうことも多いかと思います。毎回、誰が見ても明らかに高値だとわかるような天井のつけ方をするわけではないからです。そのため、「この形はダブルトップだ」「これはトリプルボトムだ」などの定義は気にしないでください。見方によってはダブルボトムにもトリプルボトムにも見えることもあるので、名前にこだわる必要は

ありません。**目的はネックラインを見つけることです。**これを見つけると、その価格帯で売買が交錯するとわかりますね。そこから応用し、高値や安値との値幅を測る、ラインを引くなどし、スキャルピングの準備をすることができます。

③ ソーサー　④ ライン　⑤ スパイク

　相場の天井や底を表すチャートパターンは、ヘッド＆ショルダーズとダブルトップの他、次の3つがあります。

・ソーサートップ（↔ソーサーボトム）
・ライントップ（↔ラインボトム）
・スパイクトップ（↔スパイクボトム）

▌図3-52▐ ソーサー、ライン、スパイク

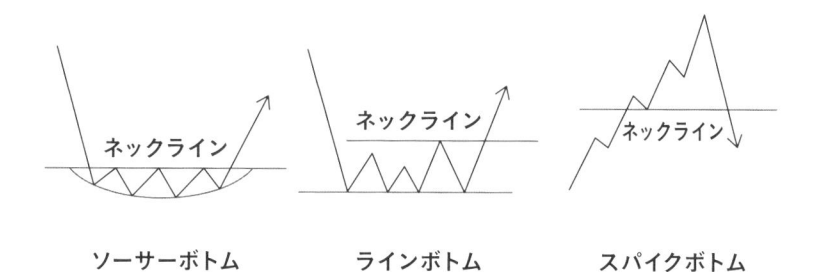

ソーサーボトム	ラインボトム	スパイクボトム
・丸みを帯びた皿の形	・安値が同じで水平線	・急激にトレンド転換する

　シングル型、ダブル型、トリプル型と考え方は同じです。高値や安値が4つ以上あるなど数が多いだけで、ネックラインの定義は同じです。たとえば、図3-52のソーサーボトムは安値が4つありますが、安値が8つでも丸みを帯びていれば、それもソーサーボトムです。ラインボトムも、レンジ幅が1分足で数時間続き、高値と安値が無数にあったとしても、水平ラインを2本引くだけでラインボトムになります。

トレンド転換型でも相場はいつも反転しない

　トレンド転換型のチャートパターンは5つありました。実際のトレードでは、これらのチャートパターンが出たら、どちらに抜けるのかを観察するといいでしょう。ただし、天底で現れるといっても、必ず反転するわけではありません。たとえば、ヘッド&ショルダーズが形成されている過程で、ネックラインを下抜けずに反発し、上昇トレンドに回帰してさらに高値を更新していくことも多々あります。しかし、チャートパターンが形成されていることを認識することは、とても重要です。そうすることで、売買ポイントになるネックラインがわかるからです。そしてネックラインがわかることによって、1分足スキャルピングで高勝率のトレードをすることができるのです。

　エンベロープのゾーンに入ってからチャート分析をするのでは遅すぎます。事前にチャートパターンを把握しておくことが必要です。先回りしてネックラインを引いておき、期待値が高いポイントがどこか考えておきましょう。

CHAPTER

4

チャートではわからない 「最大限の利益を引き出す方法」

25 | 6つの通貨ペアと時間帯の使い分け

　トレードは、チャートに基づいて淡々とルール通りに実践することが基本です。そうなると何よりもまず、期待値の高いルールが必要です。そしてトレードルール以外にも、利益を最大限に引き出す方法があります。これは、チャートを見ているだけではわかりません。

　FXで勝ち続けるには、あらゆる点において、勝つ行動が必要です。たとえばプロのアスリートは、試合のときだけがんばるわけではありません。日々の練習に取り組む姿勢や食生活、メンタル維持など、さまざまなことに気を使っているはずです。まさに、日常生活のすべてにおいて、高度な意識レベルをキープしています。まさにトレードも同じで、ルールだけあればいいのではありません。

ドル円以外でも問題なく勝てる

　スキャルピングといえば、ドル円だけをイメージするかもしれません。スプレッドも狭く、一番身近な円と基軸通貨であるドルの組み合わせは、一番取り組みやすい通貨ペアとして有名です。ただ、ドル円は主軸通貨ペアとしてトレードしますが、それ以外の通貨ペアもトレードすることをおすすめします。理由は、ドル円以外でも「手法が機能する」からです。もしドル円だけしか通用しないのなら、他の通貨ペアに応用しない

ほうがいいでしょう。しかし、「オーバーシュートからの反転」という基本が同じなので、ドル円以外でも問題なく勝てます。

　通貨ペアを増やすと、エントリーサインが増えてトレードチャンスが多くなります。それは利益が増えることを意味します。私は次の6通貨ペアをスキャルピングの対象にしています。

① USD/JPY（ドル円）
② EUR/USD（ユーロドル）
③ GBP/USD（ポンドドル）
④ EUR/JPY（ユーロ円）
⑤ GBP/JPY（ポンド円）
⑥ AUD/JPY（豪ドル円）

　①～③がドルストレート、④～⑥がクロス円です。通貨ペアを増やすことで得られるメリットは、トレードチャンスが増えるだけではありません。それは、「時期により注目される通貨が変化する」ことです。

同じ通貨だけが注目されるわけではない

　そもそも為替レートの変動は、売買が交錯するから起こるものです。売り買いしたいと思う人がいなければ、価格変動は起こりません。では、世界中の通貨のうち、同じ通貨だけが常に注目され売買されるのでしょうか。そんなことはありません。**注目される通貨は時期により変わり、売買が激しくなる時期も異なります。**

　たとえば、イギリスの金融政策が大幅に変更される場合、ポンドの注目度が急激に上がり、ボラティリティ（変動率）も急騰するでしょう。そうすると、ポンドドルやポンド円が乱高下しやすくなり、エンベロープのゾーンに入る回数も増えてトレードチャンスが増えます。一方、ポンド以外の通貨ペアは注目されていないため値動きが乏しく、トレードチャンスは少ないでしょう。一定期間が経過し、次に違う通貨で材料が

出ると、その通貨が絡む通貨ペアのボラティリティが高まります。マーケットでは、このように注目される通貨が変化していきます。

　もし、ドル円でしかトレードしないなど、1つの通貨ペアだけに絞ると、ボラティリティが高く、トレードチャンスが多い時期は大丈夫ですが、ドル円に対する注目度が低くなり、ボラティリティが低い時期が必ずやってきて、トレードチャンスは少なくなります。エントリーサインが出ないということは、お金が稼げる状態ではありません。トレードをして負けるならまだしも、トレードそのものができないのは、仕事がない状態と変わらないですよね。

　そこで、たとえばポンド絡みの通貨ペアにチャンスが多いときは、ポンドドルやポンド円をトレードします。そして、マーケットの注目度がユーロに移れば、ユーロドルやユーロ円のボラティリティが高くなり、ポンドよりトレードチャンスが増えるでしょう。

　このように、**ボラティリティが高い通貨ペアを狙って、トレードする通貨ペアを変えていく**のがおすすめです。1つの通貨が注目されると、数か月から、長いときは1年以上続くことがあります。逆に、注目される材料が何もなく、「蚊帳の外」のようになると1年以上ボラティリティが低くなる通貨ペアもあります。そうならないために、1つの通貨ペアに絞らず、少なくとも3通貨ペアはトレードしたほうがいいでしょう。私のおすすめは、ドルストレートの3通貨ペア（先ほどの①～③）です。

マイナー通貨ペアはスキャルピング向きではない

　これら以外の通貨ペアの場合、どの業者でもスプレッドが広くなります。スプレッドが広くなるほど、スキャルピングでは不利になります。そこまでして通貨ペアを増やす必要はないでしょう。ドル、円、ユーロ、ポンドという世界の主要通貨でトレードしていれば、十分すぎるほど利益を出すことができます。あえてスプレッドが広く、マイナーな通貨ペアを選んでスキャルピングするメリットは少ないのです。

時間帯によって通貨ペアを変える

　1つの通貨ペアでも、1日の中で動く時間とあまり動かない時間があります。時間帯によりボラティリティは変わるのです。通貨ペアごとに動きやすい時間帯があるので、あらかじめ把握しておくことで、効率よくトレードチャンスを得ることができます。

　私は1日のトレード時間を8:00～26:00に絞っていて、この時間帯を3つの市場に分けてとらえています。アジアタイム、欧州タイム、ニューヨークタイムの3つの市場で通貨ペアを変えるようにしています。それぞれの市場で、おすすめの通貨ペアは次の通りです。

アジア

　時間帯：8:00～14:00

　通貨ペア：AUD/JPY、USD/JPY

欧州

　時間帯：14:00～21:00

　通貨ペア：EUR/USD、EUR/JPY、GBP/USD、GBP/JPY

ニューヨーク

　時間帯：21:00～26:00

　通貨ペア：USD/JPY、EUR/USD、EUR/JPY、GBP/USD、
　　　　　　GBP/JPY

　どの通貨ペアでも、その国の午前中に取引が活発になる傾向が極めて強くあります。ユーロならユーロ圏の午前中、つまり日本時間では15:00～19:00の数時間です。ドルならニューヨークの午前になるので、21:00～25:00です。このように、1日を3つの市場でとらえると、通貨ペアを選択しやすくなります。図4-1のチャートは5分足でドル円の1日の動きと3市場の使い分けを表示したものです。こうして3つに分

図4-1 3市場で通貨ペアを変える

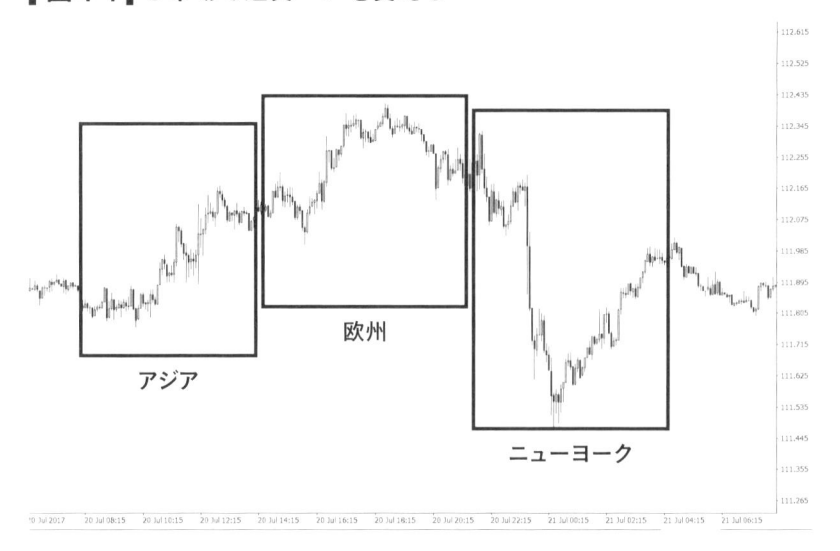

けて観察するだけでも、時間帯と通貨ペアごとの値動きの特徴がよくわ
かると思います。

　通貨ペアをドル円ならドル円だけに絞ってしまうと、仮に欧州時間帯
しかトレードできない人は、アジア午後と欧州午前にあたるその時間帯
はドル円にとって休み時間のようなもので、ほとんどトレードチャンス
がない可能性が高くなってしまいます。

　午前中にトレードする機会が多い人は、アジア時間に動きやすい
AUD/JPY、USD/JPYあたりを選択するといいでしょう。逆に、会社
勤めのサラリーマンでニューヨーク時間しかトレードできない人は、豪
ドルはトレードせずにUSD/JPY、EUR/USD、EUR/JPY、GBP/
USD、GBP/JPYを選択すべきです。

　このように、自分の生活スタイルを考慮して通貨ペアを選択してみて
はいかがでしょうか。ちなみに、26:00〜8:00にかけては、マーケット
の参加者が極端に少なく、値動きも乏しくなるため、私はトレードを行
ないません。どの業者もスプレッドが広がるのでスキャルピングには不
向きで、睡眠時間にあてています。

26 | 守りの資金管理

資金管理には、攻める資金管理もあれば、資産を守るための管理方法もあります。「攻めの資金管理」（トレード枚数など）については53ページで説明しました。ここでは、**守りの資金管理の考え方**を見ていきます。

▌「1日に○％負けたらその日はトレードしない」は正解？

たとえば、「運用資金の5％負けたらその日はトレードをやめる」というような資金管理方法を聞いたことがあるでしょうか。1日の負け額を増やさないために、たしかに核心をついたルールです。しかし、人によってロット数や経験も、資産に対する運用資金も違います。また、手法がスキャルピングなのか、スウィングトレードなのか、トレード手法も違いますし、そもそも5％という数値が正しいのかという疑問もわいてきます。ある人は、資金の3％も一度に負けたら、その後のトレードに恐怖を感じて躊躇するかもしれません。逆に、10％くらい減ったとしても、リスクとして受け入れてヘッチャラな人がいるかもしれません。このように、その人の状況およびリスクのとらえ方により、正しいかどうか判断がわかれるところがあるのです。

このような、「1日に○％負けたらその日はトレードしない」というルールは間違っているとは思いませんが、正しいとも思いません。もし、

その日のトレードをやめてしまったら、そのあと大きなチャンスがあっ
てもトレードできません。スキャルピングは数をこなすことで期待値に
収束していきます。「アジア時間で○％負けたから、欧州とニューヨー
ク時間のトレードをやめる」となると、数をこなすことができなくなり、
必要な経験を積むまでに時間がかかってしまいます。

　ですから、むしろロット数や損切り幅で資金管理をすべきかもしれま
せん。資金に対して、１回の負け額が大きいからこそ、資金に対する損
失割合が多くなっているのかもしれません。また、そもそも「○％負け
たら……」というのは、相場とは無関係なので、自分の負けの都合を相
場にあてはめているだけにすぎません。ただ、大損しないために、この
ような決めごとを持つことはいいことだと思います。

運用資金を10個に分ける

　私が一番意識している「守りの資金管理」の方法は **「運用資金を10
個に分ける」** ということです。よく、全財産のほとんどを運用口座に入
れ、運用しているトレーダーがいます。資金が多ければ、少しくらい負
けてもメンタルに影響しませんし、運用資金を多くすることで満足感を
得ることもできます。その反面、リスクもあります。

　FXの最大のリスクは、運用資金をすべて失うことです。運用口座に
100万円を入れておけば、リスクは100万円を失うこと、1000万円を入
れていれば、1000万円を失うリスクがあるということになります。「い
やいや、自分のやり方なら1000万円を口座に入れておいても失うはず
がないよ」と思う人がほとんどかもしれません。しかし、よく考えてみ
てください。口座に資金を入れてトレードしている時点で、口座資金を
失う可能性が０％ではないのです。100万円の口座で1000万円を失うリ
スクは０％でしょう。しかし、1000万円を入れていれば、1000万円を
失う可能性があります。重要なことは、可能性の問題です。口座に入金
すればするほど、全額を失うリスクは「存在」することを認識してくだ
さい。

　万が一、何かをきっかけにメンタルが崩壊し、信じられないロットを張ったとします。そのときに逆行して大損すると、口座資金の全額を失います。これは私の経験ですが、口座資金を失うときは、突然襲ってきます。

　そこで、口座資金をすべて失っても、再起できるようにしておきます。**それも１回や２回ではなく、10回再起できるようにしておくのです。**たとえば、FXにあてられる資金が100万円だとしたら、それを10個に分け、10万円を運用資金にあてるのです。仮にその10万円を失っても、あと９回もチャレンジできます。勝ち続けるために重要なのは、致命傷を負わないことです。１回口座を飛ばしても問題ありません。１回口座を飛ばせば、入金する手続きや、新たにポジションを取ったりする時間ができます。たった１日でもいいので、時間を空けることにより、人は冷静になるものです。一方、口座に100万円を入れてしまっていると、冷静さを失うような10万円の負けトレードをしたとき、残りの90万円ですぐに取り返そうとし、さらに傷口を広げることは火を見るよりも明らかです。

■ 1回で退場するリスクをなくす

　もう１つ肝に銘じてほしいことがあります。たった10万円だからといって、適当にトレードをしないことです。100万円を運用しているのと同じくらい本気で向き合うことです。むしろ、10万円を100万円に増やそうと、気持ちを奮い立たせるくらいの心づもりがちょうどいいでしょう。そうすると、退場リスクは限りなくゼロに近い状態で、リターンだけに集中して取り組むことができます。このような状態なら、メンタルが崩れることはないでしょう。

　私は「１回で退場するリスクをなくす」ことが「守りの資金管理のすべて」だと思っています。恥ずかしながら、私はリーマンショックでそのときの全財産1100万円をわずか１か月で失いました。1100万円もあ

れば、まず負けないだろうという考えがあったのです。しかし、1100万円を口座に入金した時点で、リスクにさらされていたわけです。

仮に資金が少なく、30万円以下の場合などは、10回でなく5回でもいいと思います。これでは少ないと感じるかもしれません。では、この5万円を、まず倍にしてみてはいかがでしょうか。

勝つことが前提ではなく、負けることも考えておく

FXをはじめると、どうしても勝つことばかり考えてしまいます。会社員では達成できないような資産を築くことができるため、本当に夢がある世界だと思います。しかし、それは勝ち続けた場合の話です。もし負けたらどうなるでしょうか。考えると怖くなりますね。リスクとリターンは表裏一体です。リスクだけを減らしてリターンを増やすことは、絶対にできません。ただ、リスクを分散させることは可能です。負けることも想定しておくからこそ、分散させるわけです。

期待値の高いルールで、ガンガン攻めてリターンを求めつつ、一方では、負けも想定しておくことが必要です。スキャルピングなら、10連敗や20連敗もあるでしょう。普段なら、10回トレードすれば半分以上は勝てるのに、なぜか勝てない時期があります。こういうときに連戦連勝しかイメージしていないと、メンタルが崩れてしまいます。

トレードは、「七転び八起き」です。七転びをしっかり受け入れることで、適切な損切りを淡々とできるようになります。勝つことばかり、負けることばかり考えるのではなく、両方をバランスよく考えることが重要です。

27 | 相場の流れは すぐに変わる

　私は、相場の流れはおおよそ3か月ごとに変わるものとして考えています。機関投資家が四半期決算を迎えるように、相場も3か月を節目として考えています。その意味で、長い波だと上期下期に合わせ、相場の波も6か月、長くなると1年というイメージです。相場の流れが変わる要因として、機関投資家のアルゴリズム取引の戦略が、決算ごとに変わることも影響しているでしょう。

億を稼いでも退場するトレーダーは山ほどいる

　トレードで勝ちはじめると、「やっと勝てるようになった、これからは安心だ」と思ってしまうものです。しかし、そのときの相場とたまたまかみ合っているだけかもしれません。数か月経つと相場が変わり、損益も変動します。一度勝ちはじめたら、「もう負けることはない」などと勘違いしてはいけません。たとえ勝ちはじめても調子に乗らず、勝てない時期に備えるようにしてください。「相場は変わるもの」「損益は時期により変動するもの」とあらかじめ頭に入れておくだけで、その状況になっても冷静にすごすことができます。

　億を稼いでも退場するトレーダーは、山ほどいます。その特徴として、相場が変わることや、負ける時期を想定していないことがあります。「自

分はもう負けるはずはない」とスキルを過剰評価し、負けを受け入れられずに損切りできず、挙句の果てにはフルレバレッジでナンピンして退場してしまうのです。こんなふうにならないよう、相場の流れは刻々と変わっていき、勝てる時期、勝てない時期があると十分理解してください。どんな相場でも年中勝てれば理想ですが、そんな夢のようなトレードが続くことは現実にはありません。実際には、**勝てる時期に大金を稼ぎ、勝てない時期にいかに負けを減らすか**、ということが大事になります。

期待値に収束させるにはトレードに一貫性を持たせる

トレードにおける一貫性とは、エントリーからイグジットまで、判断が矛盾しないことです。たとえばAという判断でエントリーしたら、イグジットもAですべきです。1分足スキャルピングで、エンベロープのゾーン①とテクニカル分析のレジスタンスラインが同時にあたって、ショートエントリーをしたとします。仮に逆行したとき、本来ならすぐに損切りすべきです。しかし、「今日は上がりすぎたから待っていれば下げてくるだろう」「ナンピンすればいずれ戻るだろう」というような考えに支配されてしまうと、エントリー時点の根拠とはまったく変わっています。これは、損切りしたくない理由を都合よくあてはめているだけです。エントリーしたときの損切り基準は、逆行したら数pipsで損切りすることでした。実際に逆行したら損切りしなければなりません。エントリーしてから根拠をコロコロ変えるようでは、一貫性がなく、期待値に収束させることはできません。

1回のトレードは瞬間ではなく一連の作業

スキャルピングは数秒から数十秒でトレードが完結します。超短期売買だからといって、判断も「その場限り」になるのではなく、「一連」の作業になります。トレードは、ポジションを持っているときだけがト

レードではありません。エントリーする前の、戦略を立てるときからすでにスタートしています。そして、タイミングを測ってエントリーし、イグジットしてはじめて1回のトレードが終了します。

スキャルピングなら、エンベロープのゾーンに到達する前から、トレードははじまっているということです。ゾーン①に入ってすぐエントリーするのか、それとも節目をブレイクしそうだから様子見をするのかなど、サインが出る前からチェックすべきことはたくさんあります。サインが出たから入りました、負けました、これではいつまでたっても上手になりません。

▎トレードは事前準備で9割決まる!

トレードはエントリー前からスタートしていて、勝敗はエントリー前に9割の確率で決まっていると私は考えています。エントリーしてからトレードがスタートするのではなく、エントリーした時点で、トレードはほとんど終わっているということです。

勝てるトレーダーは、その1回のエントリーをするために、チャート分析をして戦略を立て、自信を持って、ようやくポジションを持ちます。ポジションを取るまでに労力を割いているということです。一方、勝てないトレーダーは、エントリーするまでに労力を使わず、ロクに分析もしません。そして、エントリーしてから右往左往し、含み損を抱えて心臓が締めつけられる思いでポジションを凝視します。こうなると、エントリーの根拠など、どうでもよくなっているでしょう。労力を使う場所を間違えています。

エントリー後に労力を使うのではなく、エントリー前にしっかり分析をして戦略を立てるようにしましょう。考え抜いたうえでエントリーするからこそ、根拠がブレず、利食いも損切りも淡々と行なえるのです。

CHAPTER

5

頻繁に出現する期待値が高い 「勝ちパターン10選」

28 | ①5つのゾーンで普通のエントリー

　CHAPTER1からCHAPTER4まで紹介してきたルールを踏まえ、ここからは実際のトレードで発生する「勝ちパターン」を見ていきます。エンベロープのサインが出たからエントリーというだけでは、「最大限」の利益をたたき出すことはできません。トレンドごとに相場の波は違うので、そのときの相場環境により、私がどう判断しているのかといったことの参考にしてください。どれも期待値が高いトレードパターンで、動いているチャートでトレードしているときの心情や、判断のプロセスをくわしく書いたつもりです。

■エンベロープの5つのゾーンのトレード例

　1分足スキャルピングの基本である、エンベロープの5つのゾーンのトレード例です。

　図5-1を見てください。長い陰線が出ているので、逆張りのロングをするトレードです。まず、Aでゾーン①に到達しているので、ヒゲが出たらロングします。決済の目安は、利食い損切りともに2pipsです。あくまでも目安なので、2pipsを待つ必要はありませんし、＋1pips前後で数秒間もんでいたら、決済してもいいでしょう。**ゾーン①②は、少しでも利益が乗ったら決済、逆行したら損切りというようなイメージです。**

図5-1 普通の５つのゾーンでのエントリー例

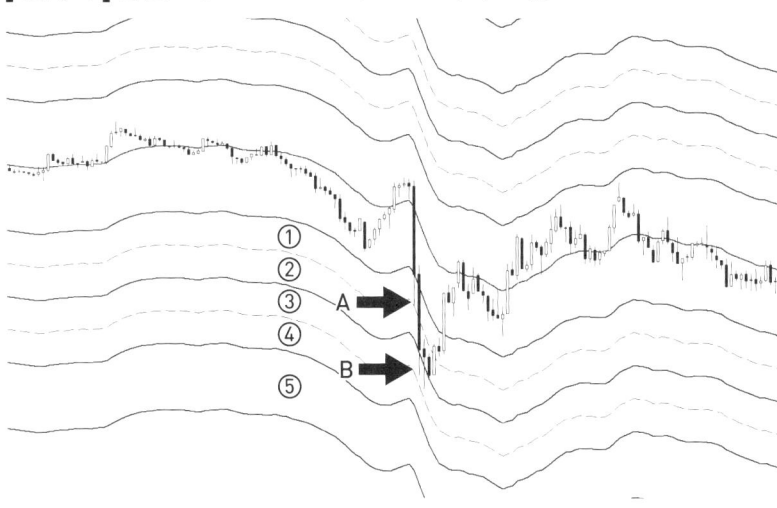

①
②
③
④
⑤
A
B

毎回、利を乗せるという意識でトレードをしてしまうと、プレッシャーになりかねません。淡々とこなせなくなるので、「ちょっと反転を狙おう」という気軽な気持ちでエントリーするポイントとみていいでしょう。

　次のローソク足でゾーン③に入ったポイントがBです。Aよりも期待値が高いので、いよいよ勝負する場面という感じです。Aよりもロットを上げ、利益も伸ばすようにしましょう。今回はゾーン④⑤まで到達していませんが、もしBのあと、さらにトレンドが出て④⑤に入ったら、よりロットを上げて勝負する場面ですね。移動平均線から乖離するほど、勝率はぐんと上がります。

29 | ②狙い目は経済指標後に発生する短期トレンド

　図5-2のチャートは、左側の矢印の時間に経済指標の発表がありました。指標発表直後は、上下に乱高下していますね。長いヒゲが上下動した証拠です。指標発表直後の数十秒は、どの業者もスプレッドが開いていて、スキャルピングでは勝てる環境ではないため、様子見になります。ただ、スプレッドが閉じたとしても、発表して1分以内はランダムに大

▌図5-2▌経済指標後のチャート①

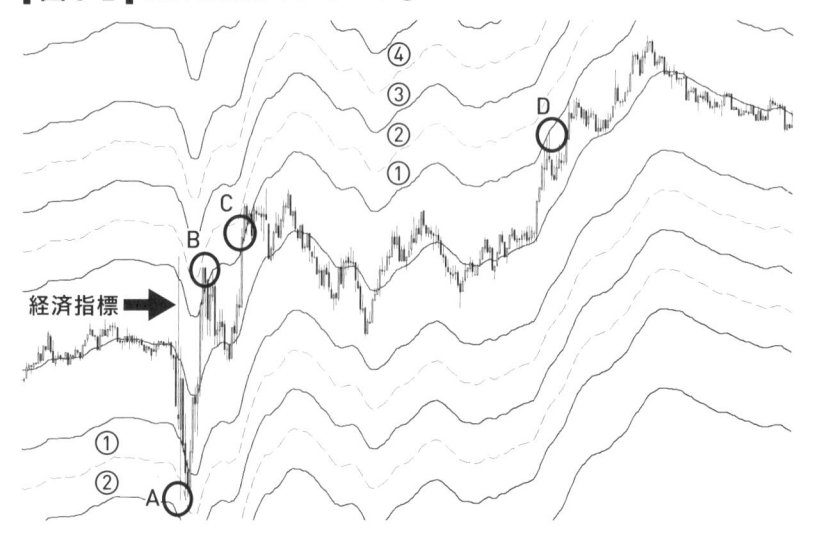

きく動いています。ゾーン①を飛ばして③に到達するような動きもあるので、移動平均線から急激に乖離したからといって、いつも通り入ると危険です。

　数分待てば、突然値が飛ぶことなどはほとんどありません。図5-2ではAの部分で、指標発表後から3分ほど経過しているところです。ここでゾーン②まできているので、ヒゲが出たタイミングでエントリーしていいでしょう。これが指標発表直後（チャートではAより左の部分）なら様子見をしたほうが無難です。「結果的にエントリーしておけばよかった」となったとしても、毎回危険なポイントでトレードしていると、逆行したときに損失がかなり大きくなります。

短期トレンドで、トータルで利益が出ればいい

　Aのあとも、普通にトレードを繰り返します。Bではエンベロープの上側のゾーン①に到達しています。その後、移動平均線に戻ったので、Cで再度チャンスがきました。しかし、しばらく短期的なレンジになってしまいました。その後、Dで普通にエントリーサインが発生したので、ヒゲが出たらエントリーします。

　この相場では、A、B、C、Dの4回のチャンスがありました。どこで利食いや損切りになっているか、実際にはわかりませんね。4回という一連のトレンドで勝てていればいいので、4勝0敗である必要はありません。3勝1敗でもいいですし、2勝2敗でもいいでしょう。最終的にこの短期トレンドをトータルして利益が出ていれば、その相場は勝ちとなるのですから。

経済指標はトレードチャンスを与えてくれる

　今回のように、経済指標をきっかけとしてトレンドが発生することがよくあります。そのため、**スキャルピングにとって、経済指標はトレードチャンスを与えてくれるイベントです。**1日を通して、アジア→欧州

→ニューヨークと経済指標は続きます。毎日、どこかの時間帯で経済指標はあります。アジアタイムは、日本やオーストラリアの経済指標があります。欧州タイムは、イギリスやユーロ圏、ニューヨークはアメリカの指標です。

　1分足レベルの短期トレンドは、経済指標をきっかけに発生して数時間継続し、小休止して次の時間帯の経済指標に短期トレンド発生、という流れがとても多くあります。**トレード前には、その日の経済指標を必ずチェックしましょう。**そして、その国の通貨ペアを選んでトレードできれば、なおいいですね。

　デイトレードやスウィングトレードの場合、経済指標があると、ポジションを持っている場合、決済するか持ち続けるか、迷ってしまいます。経済指標で上下に乱高下しても、結局は落ち着いて正しい方向へ進んでいきます。しかし、それを見越してポジションを持っているにしても、損益の変動はかなり大きなものになります。毎回こうなると、強いメンタルが必要です。しかし、スキャルピングなら、指標後の値動きで判断してトレードすればいいので、準備もできますし、ポジションを持っているというメンタルへの悪影響もありません。短期売買のメリットといえます。

　経済指標発表後の相場を、もう1つ見てみます。図5-3を見てください。矢印の箇所で経済指標が発表され、直後に急騰しています。1分後はスプレッドがすでに閉じているはずなので、ローソク足がゾーン②に到達しているAはチャンスです。ただ、1分後なので、激しい上下動のままAを迎えているかもしれません。その場合は様子見してもいいですし、実際のチャートを見ていないと何ともいえません。この場合はエントリーしてもしなくても、どちらでもいいでしょう。

　Aのあとは、普通にエントリーしておきたいところです。Bはゾーン③、Cがゾーン④、Dがゾーン⑤というように、順番に到達しています。B、C、Dはロットを上げて、利を伸ばすトレードをすべきポイントです。たとえAで様子見したとしても、一連のトレンドで勝てればいいのです。

図5-3 経済指標後のチャート②

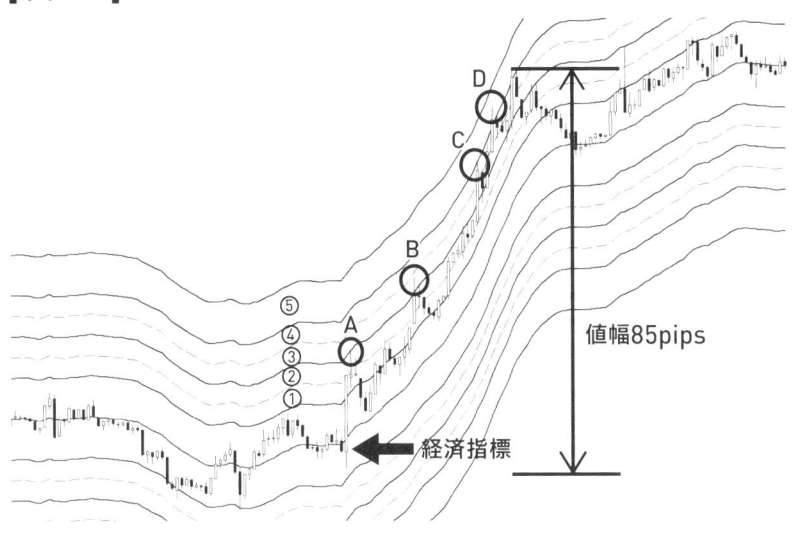

D

C

B

⑤
④
③
②
①
A

値幅85pips

← 経済指標

もし、AやBで入り損ねても問題ありません。A、B、C、Dの4回のチャンスのうち、何回入るかは問題ではありません。CやDでしっかりロットを上げてエントリーすればいいわけです。上昇トレンドでは、ゾーンが上にいくほど、ロットを上げて利を伸ばしましょう。そうすることで、勝てる相場でがっちり儲けることができます。一度でも大きく勝つと貯金ができるので、数回負けたところで資金は減りません。この余裕こそ、次のトレンドが発生したとき、メンタル的に楽なトレードができる理由です。今回勝って次の資金に回し、どんどんメンタルを楽にしてください。そして、これを繰り返し、徐々に資金を増やしてください。

　さて、今回のトレンドは、ゾーン②から⑤まで順番に到達しました。値幅は85pipsあります。短期的にはとても大きな値幅です。値幅が出ると、一般的には逆張りでは負けると思われがちです。1分足スキャルピングでは、きちんとルールを定めて反転するポイントを狙っていけば、負けるどころか、トレンドが発生して、大きな動きが出るたびに勝てるのです。

30 ③トレンドは第1波が基準になる

　図5-4のチャートを見てください。経済指標直後の上げと、そのあと数分間の下げが、上昇と押し目を形成しています。Aが安値でBが高値になりました。このように、安値と高値ができると、それがトレンドの基準になることが多くあります。N波動の最初のⅠ波動になります。Nの字は、上昇→押し目→上昇で形成されますが、経済指標直後の上昇が最初の上昇ということになります。これを第1波とし、第2波→第3波と続きます。

トレンドの値幅をある程度予測できる

　第2波以降は、ランダムに値幅を作るのではなく、第1波の値幅が基準になります。チャートでも、ABが第1波で、その後の上昇幅であるBCとCDの値幅が同じです。これは偶然ではなく、ABができたとき、「今回のトレンドはこれくらいの値幅出しますよ」と教えてくれているわけです。

┃図5-4┃ E計算でわかる値動き

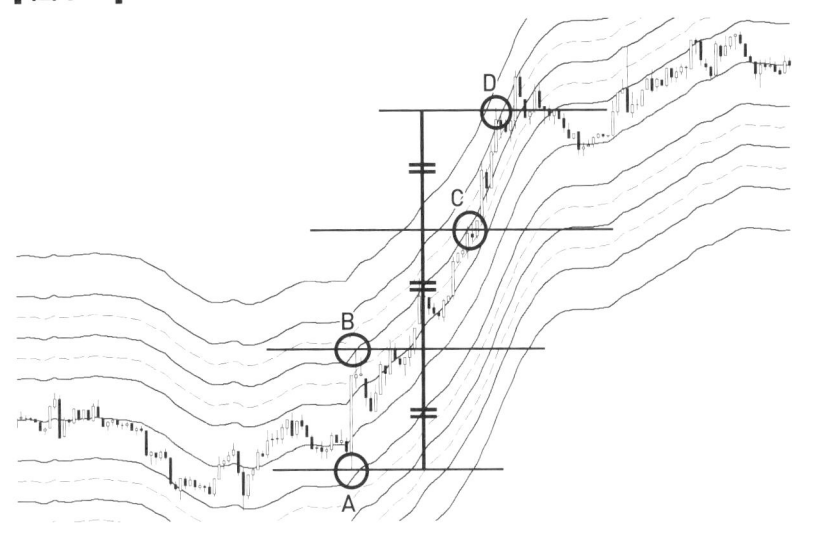

31 ④第1波が出たら 値幅観測をしよう

　実際にトレードをしているとき、どれが第1波なのか見つけることは、最初は難しいかもしれません。意識していないと見逃しがちです。そこで、**トレンドが発生したと思ったら、値幅を取って値幅観測をする癖をつける**といいでしょう。図5-4のA、Bのような安値と高値ができたら、チャネルラインを水平に引いて、上下それぞれA、Bにあててみるのです。こうすると、高値と安値を意識してチャートを見るようになり、状況を理解するスピードが上がります。

　図5-4のチャートの値幅は、AB＝BC＝CDになっていました。128ページで紹介した値幅観測でいうと「E計算」になります。値幅達成をすると反転しやすいので、CおよびDは、値幅観測だけでも反転する根拠があります。チャネルラインを引いて値幅を取ることで、ネックラインA、B、C、Dが浮き彫りになりますね。さらに、Cがエンベロープのゾーン④、Dがゾーン⑤です。値幅観測とエンベロープのルールが重なっているので、期待値はかなり高いのではないでしょうか。

ローソク足1本だけを見ていても何もわからない

　ローソク足（1本）だけを見ていると、1分先もわからず、どこで

エントリーすべきか迷ってしまいます。一方、1分足レベルの短期トレンドでも、最終的にN波動になることをイメージしておくと、「上昇するならこうなる」「下落ならこうなる」という想定ができるようになります（図5-5）。今動いているローソク足1本だけを見ていても何もわかりません。視野が狭くならないよう注意してください。

　スキャルピングのような超短期売買でも、ローソク足1本でどうにかなるものではありません。チャート分析の前提として、大局を把握していることや、N波動や値幅観測で予測しておくことが大切であり、これがチャート分析ということです。

▌図5-5▐ 大局を把握して、N波動や値幅を予測する

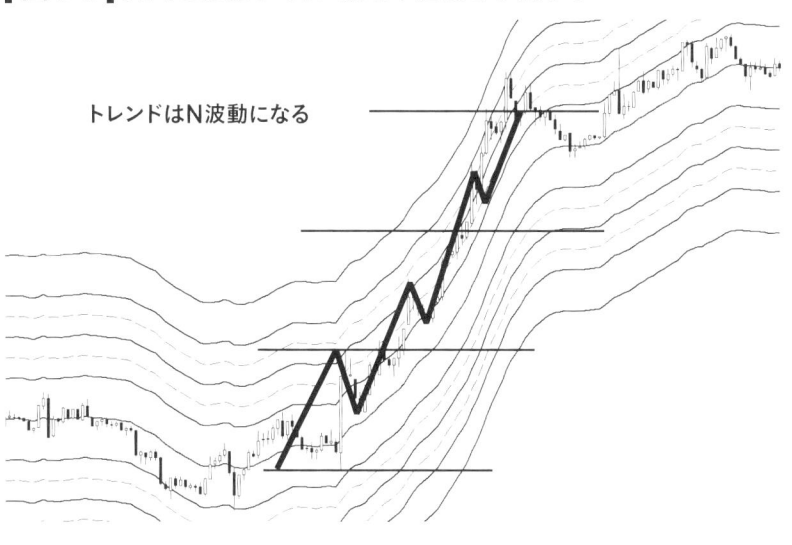

トレンドはN波動になる

32 | ⑤移動平均線にあたり
トレンド回帰する

移動平均線はサポートやレジスタンスの役割をする

　図5-6のチャートを見てください。まず、Aの水平ラインがロールリバーサルになっています。高値ブレイクしてゾーン③にタッチしたあと、反落してAまで落ちてきました。このとき、移動平均線およびサポート

図5-6 ┃ 移動平均線がサポートしている

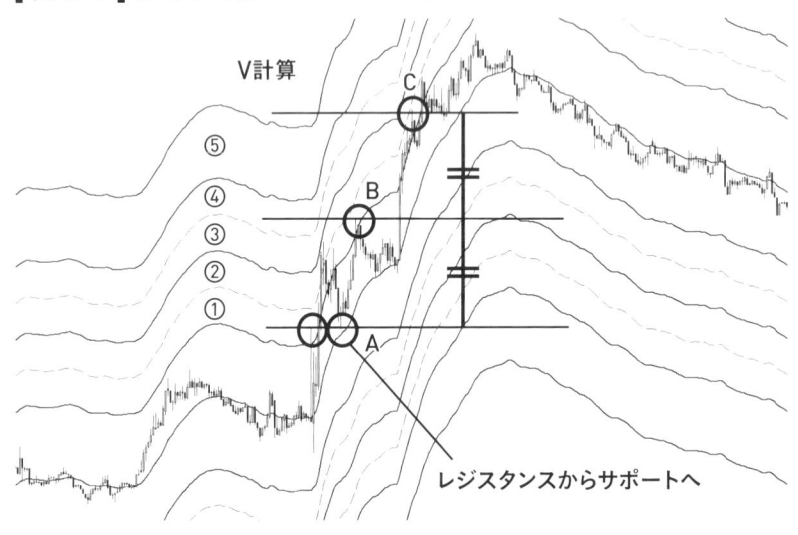

ラインにぶつかって反発しています。このように、移動平均線もサポートやレジスタンスになることが多々あります。Aの丸の中をよく見てください。ローソク足が、移動平均線と水平ラインにちょうどぶつかっているポイントです。N波動を描く際、移動平均線が押し目になる可能性を考えておくといいでしょう。

　移動平均線は、ほとんどの場合が斜めなので見落としやすいのですが、サポートやレジスタンスの役割をすることが多くあります。図5-6ではAで反発したあと、Bでゾーン①に到達、そのあとも移動平均線が押し目になっています。ちなみに、値幅ではCのポイントはAからのV計算でもありますが、経済指標発表前の値位置からするとN計算にもなっています。そして流れとして、N波動になっているので、図5-7で確認してください。

　1分足スキャルピングはエンベロープを活用した逆張りです。しかし、移動平均線付近でトレンド回帰する確率を考えると、順張りに活用することもできます。順張りの説明は本書では割愛しますが、1つの手法から、別の手法へ生かすことができます。決められた手法だけでなく、逆

▍図5-7▍V計算のあとのN波動

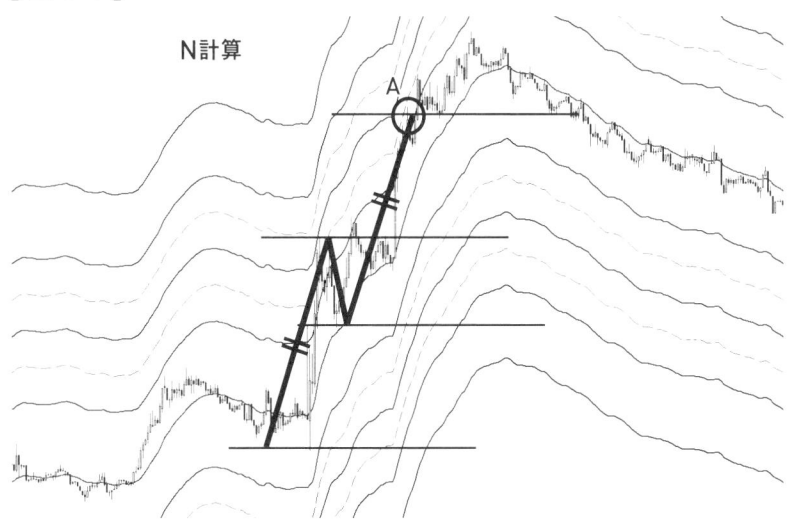

N計算

A

171

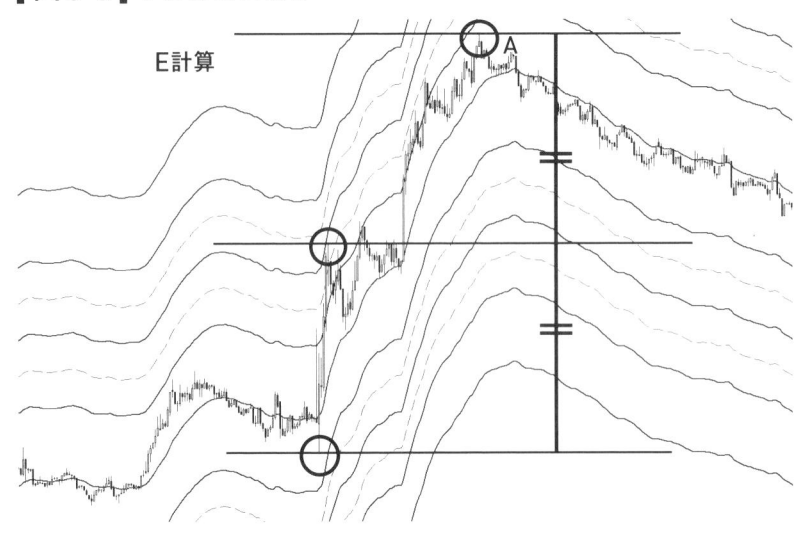

張りが様子見ならそのポイントで順張りはできないものかなど、自ら考える癖をつけましょう。

　この短期トレンドは、最終的に一番大きな値幅達成になる、E計算が出ています（図5-8）。E計算は第1波の2倍です。今回は2倍の値幅達成をしたAで反落していますが、反落せず、逆に上昇していくこともあります。2倍が出たらトレンドが終わるわけではないので、注意してください。

33 | ⑥ネックラインは 長い時間軸を見る

長い足も見ることでより確度が上がる例

　1分足だけでは見つからないネックラインを見てみます。トレードを開始したら、長い時間軸で大局をつかみ、1分足でスキャルピングする方法です。まず、図5-9で1分足を見てみましょう。

図5-9 ┃ 移動平均線と同じ角度のラインを引いてみる

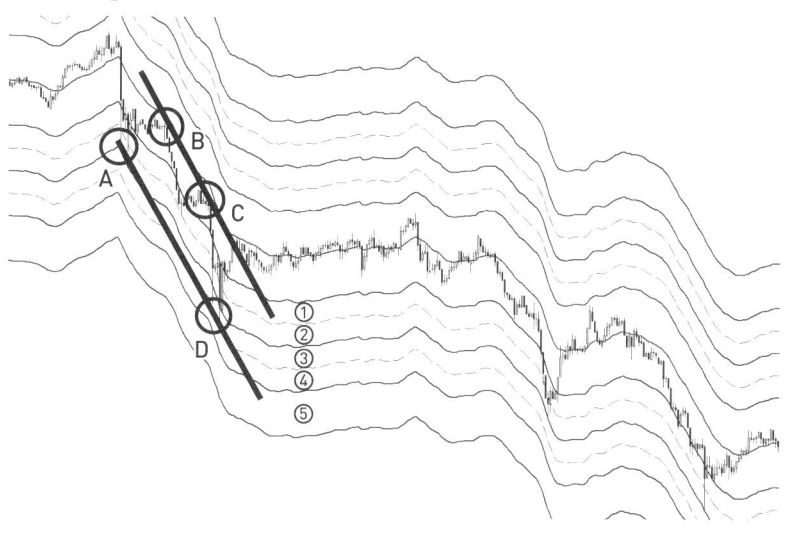

移動平均線と同じ角度のチャネルラインを引くといいことは説明しました。A、B、Cが出て、移動平均線の傾きが決まれば、チャネルラインも引けますね。Dはゾーン③とアウトラインがあたったポイントです。ゾーン③だけで70％以上の勝率はありますが、加えてアウトラインがあたっているので、さらに高い期待値が予測できます。エントリーしない理由がないといった場面です。

　このあとの相場の動きを図5-10のAとBで見てください。どちらもゾーン③の手前まで到達していますね。これだけでも期待値は高いのですが、さらに確度の高いトレード根拠がないかどうか、サポートラインを引きます。

　このサポートラインがどのような意味を持っているのか、長い時間軸を見てみましょう。図5-11は30分足です。実は、AとBは直近の安値にあたっていて、サポートラインになっていたことがわかります。ゾーン②に到達し、かつサポートラインというネックラインにあたっているので、反発する確率がより高くなります。ネックラインにあたってもトレ

┃図5-10┃ サポートラインを引いてみる

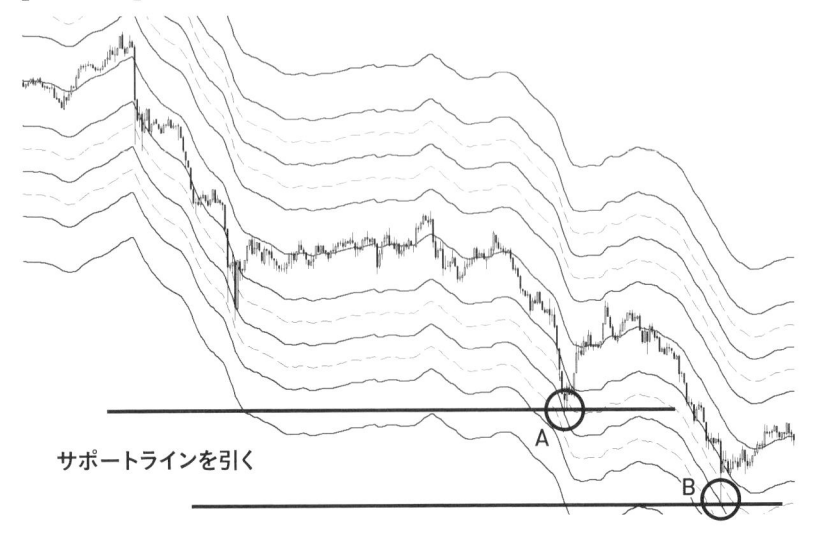

サポートラインを引く

▌図5-11▐ 30分足で大局を見る

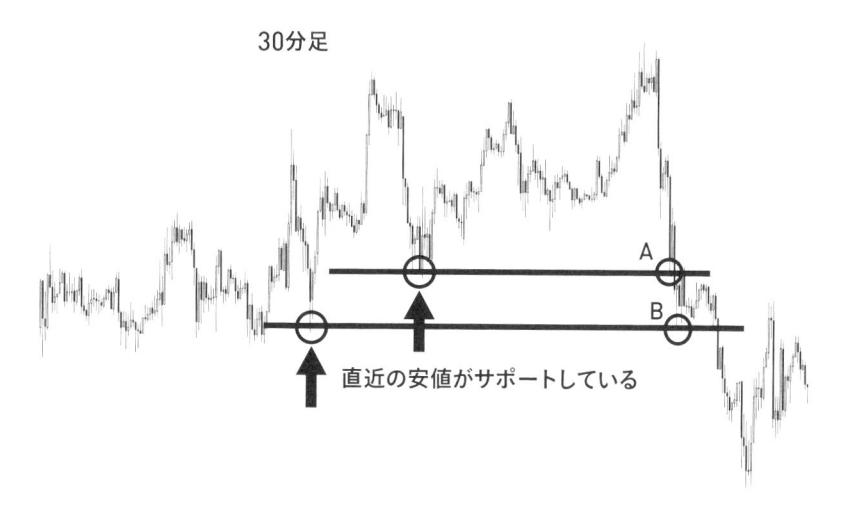

30分足

直近の安値がサポートしている

ンド転換するかは、結局のところわかりません。ただ、反応する（反発する）確率は高いです。少し反発し、戻しをつけてさらに下落していくかもしれません。もしくは、そのままトレンド転換して上昇トレンドになるかもしれません。どちらになるかは結局のところわかりませんが、価格が反応するポイントであれば1分足スキャルピングには十分です。スキャルピングは数pipsだけを取ればいいので、反応するポイントを見つければいいのです。極端にいうと、決済したあとに上下どちらに進もうが、関係ないのです。

なお、今回はできあがったチャートを逆算して説明していますが、図5-10のサポートライン（ネックライン）は、価格がAおよびBにくる前に引いておくべきです。長い時間軸でチャート分析し、それからスキャルピングをスタートするという手順を守っていれば、このようなポイントを見逃すことはありません。1分足だけを見るのではなく、すべての時間軸を分析し、大局やネックラインをつかんだうえでトレードしてください。

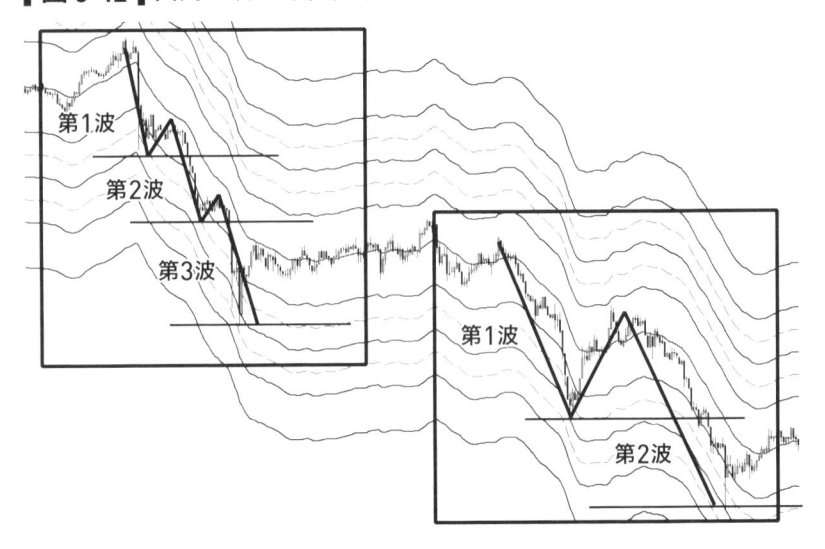

　今回の相場の流れをおさらいしましょう。図5-12を見てください。

　短期トレンドは2つありました。最初は、短期間で第3波まで値幅を出していますね。そのあとは大きな戻しもなく、下降トレンドに回帰しています。2つ合わせて大きな1つのトレンドですが、渦中では波の違う短期トレンドが発生しています。

34 ⑦第3波でロットを上げてみる

　先ほどの図5-12の左側のトレンドを見てください。3つの下落の波がありますね。第3波ではゾーン③にきていますが、このゾーン③の期待値を考えてみます。ゾーン③は、CHAPTER2のルールで説明したように、勝率は70％程度です。そして、今回のように第3波でゾーン③に到達したときは、さらに勝率が上がります。なぜなら、第1波や第2波でゾーン③にくるよりも、第3波でゾーン③に到達するほうが、反転する確率は上がるからです。相場の波は3回が基準になることが多い、つまり、「第1波→第2波→第3波」が一連の波ということです。だとすれば、第3波が出たら、ただでさえ反転する可能性が高くなります。したがって、こういう場面ではかなりの確率で反転することを予測し、チャネルラインを引いて値幅観測をするといいといえます。

期待値が高いポイントでは利益を多く取る

　第3波が出たら反転しやすいという期待値と、ゾーン③にきたら反転する期待値が合わさるため、普段のゾーン③はロットを3倍に上げてエントリーするところ、もう少しロットを上げてもいいでしょう。このチャートでは、結果としてそのような反転は起こりませんでしたが、スキャルピングには十分な反転でした。期待値がより高くなるときにはそう

いう対応をしてもよいということです。

いくつもの根拠が重なることで自信を持ってトレードできる

　今回のチャートでは、左側のトレンドの第3波が出たあと、真ん中付近では短期的なレンジ相場になっています。そして、そのあとの右側のトレンドでは、レンジ幅の2倍が値幅観測できます。

　図5-13のチャートを見てください。図5-12と同じチャートですが、レンジの上下にラインを引いてみました。レンジ幅の2倍の値幅で反応していますが、これは先ほどのサポートラインと同じ価格帯です。このように、いくつもの根拠が重なる部分はネックラインなので、自信を持ってトレードできるようになります。

図5-13 サポートラインと同じ価格帯でレンジ幅の2倍になっている

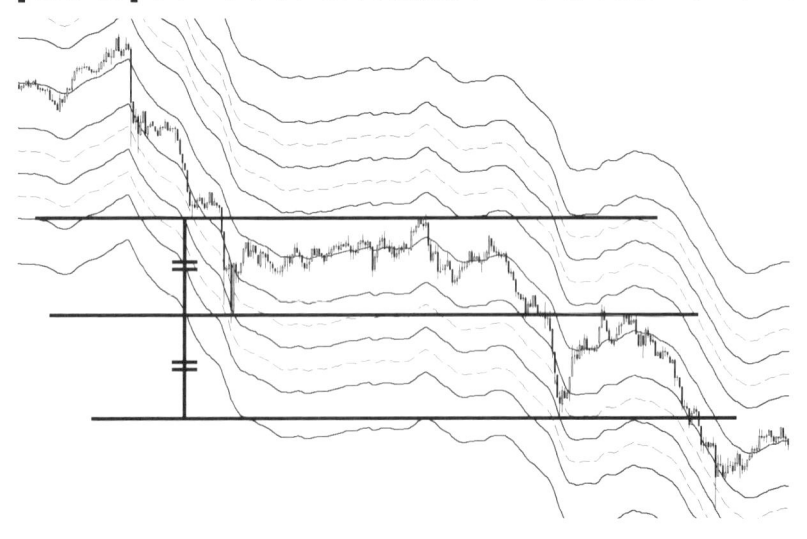

35 | ⑧トレンドは押し戻しの「空間」がヒントになる

第1波が出たときに、トレンドが継続して第2波、第3波と続くかどうかの判断は難しいものです。第1波が出ても、すぐにレンジになることも多くあります。そこで、押し目（もしくは戻し）の作り方をよく観察するようにします。図5-14を見てください。

図5-14 空間ポケットとN波動

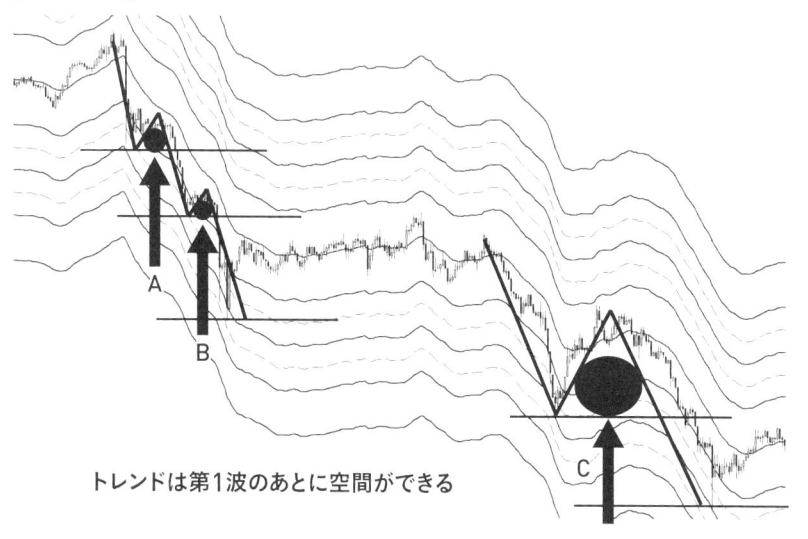

トレンドは第1波のあとに空間ができる

「空間」でN字を形成しているプロセスを把握する

第1波が出たあとの戻しに黒い丸を入れています。これは「空間」になります。第1波の安値から戻している最中、このような空間ができ、第2波ができると、N字を形成することになります。戻しで黒い丸のような空間ができたら、N字を形成しているプロセスだとわかります。**下降トレンドでは、下げているローソク足だけを見がちですが、戻しも観察してください。**空間ができると第2波も準備することができ、結果としてローソク足1本1本に集中することができます。

スキャルピングは、短期トレンドが発生したときが勝負です。レンジのときにスキャルピングはやらないので、休憩することができます。そしてトレンドが発生したら、トレードに全神経を集中させるつもりで観察しましょう。

36 ⑨ネックラインの2倍

チャートパターンが出ると値幅観測がしやすくなる

次に、チャートパターンを見てみましょう。チャートパターンが出た場合、ネックラインが明確になるので、値幅観測もしやすくなります。また、他の投資家も気づくため、ネックライン付近で売買が交錯することが、実践を積み重ねるとわかってくると思います。

図5-15のチャートは、ヘッド＆ショルダーズボトムです。ネックラインの2倍が出たポイントと、エンベロープのゾーン①が重なっています。ここは期待値が高くなりますね。下げ相場でも、そのあとの上げでもチャンスになります。ネックラインを見つけることで、トレード判断が楽になり、1回ごとのエントリーに自信が持てるようになります。自信が持てるトレードを繰り返すことで、ストレスなくロットを上げることができるでしょう。むしろ、儲かるとわかっているので、もっとロットを上げたくなります。この自然な流れをつかんでください。

逆に、コツをつかんでいないにもかかわらず、儲けたい一心でロットを上げてしまうと、エントリーのたびにドキドキしてしまい、やがてメンタルが崩壊します。自然にロットを上げるためには、トレードに自信

図5-15 ネックラインの２倍とエンベロープのゾーン①が重なっている

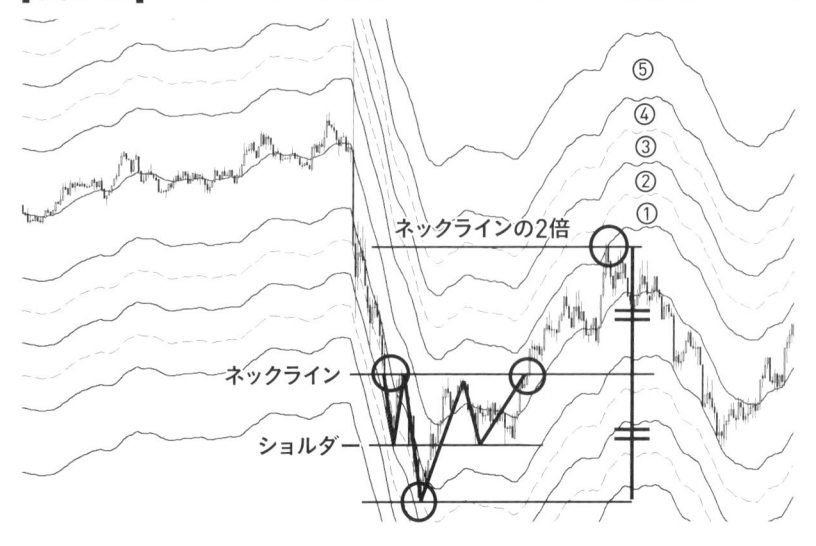

を持つことが大前提です。自信があるからロットを張る、自信があるからこれからも継続できるわけです。

37 ⑩フィボナッチによる判断

急騰・急落時、23.6％、38.2％でぴったり止まる!?

　トレンドが発生したとき、フィボナッチ指数の「23.6％」と「38.2％」が押し目や戻しポイントになりやすく、トレンド回帰することは103ページで説明しました。もし、第1波のあとの反転で23.6％や38.2％で値が止まったなら、トレンド回帰する可能性を考えるべきです。N字を形成するプロセスの最中かもしれません。

　図5-16を見てください。この場面は、経済指標があった直後です。指標発表で急落し、ABのローソク足ができました。経済指標後は、スプレッドが閉じても数分間は様子見が無難でしたね。Bのヒゲで逆張りロングを仕掛けるのは少し危険です。今回のケースでは結果として利益確定できるでしょうが、Bという底でエントリーできていれば、という前提です。

　見てほしいのは、矢印があるCです。ABにフィボナッチを引くと、ちょうどCが23.6％になります。上ヒゲになっていますが、実体では23.6％で止められています。Cが戻しポイントになり、トレンド回帰して下降トレンドに戻っています。

　あとづけのチャートを見て「Cの価格帯で止められた」というのは誰

図 5-16 フィボナッチで止まる価格

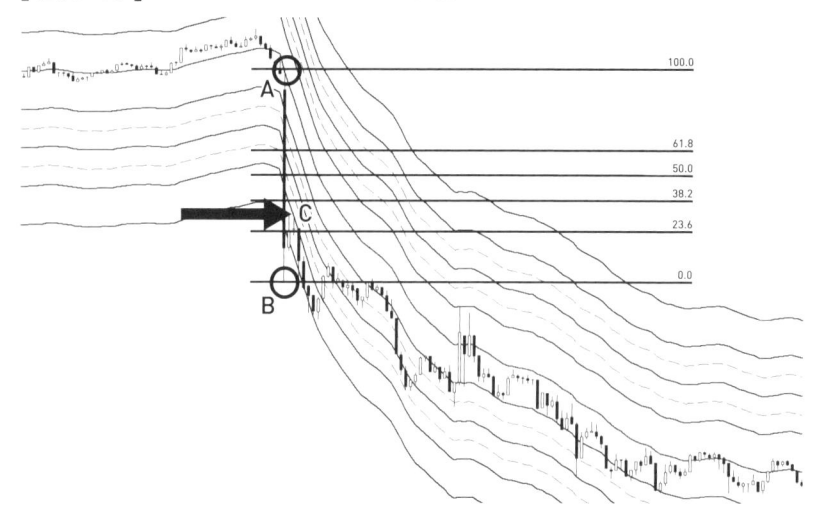

でもわかりますが、これをリアルタイムで動いているときに見極めなければなりません。**経済指標のような急騰や急落するとき、押し戻しがフィボナッチ23.6％もしくは38.2％でぴったり止められることがあるの**で、あらかじめ想定して準備しておくといいでしょう。

利食いポイントとしても有効に機能する

　私は、フィボナッチを利食いポイントに使うことがよくあります。大きく動いたとき、利幅を稼ぐときに数秒ではなく数分間ポジションを持つことがあります。そのときに、「5pips取る」「10pipsを目標にする」という数字ではなく、「フィボナッチ23.6％」を目安にするのです。そうすると、チャートで判断できるので、意外と冷静にポジションを長く持つことができます。

　このように、フィボナッチとN波動の仕組みを使い、利食いポイントに活用することもできます。

38 | トレードに迷ったときの Q＆A集

　本CHAPTERの最後に、読者のみなさんが疑問に感じるかもしれないという項目を、質疑応答形式にまとめました。

　チャート設定やルールだけでは、なぜその必要があるのか腑に落ちない点も多いと思います。手法の難しさは、型にはまったやり方ができないことです。刻々と変化する相場に合わせて、エントリーからイグジットまで、日によって変える必要があります。それは、チャートだけでは説明できないこともあります。質疑応答形式にすることで、ルール以外の「相場はこうなりやすい」という点をお伝えします。

　12個の回答には、中には「ルール」といえるほど重要なものも含まれます。また、数字やチャートなどで視覚的に説明がつくものではなく、感覚的なものもあり、トレードには重要です。

▍エントリーサインがあまりでないときは？

▍Q1　夜間のみトレードしていますが、エントリーサインがあまり発生しません。ぶせなさんも同じでしょうか？

　まったく同じです。相場は乱高下する時期もあれば、静かでおとなしい時期もあります。動かない時期にスタートされたのだと思います。相

場は、動く材料がなければ、中長期的にレンジ相場になります。このときにスキャルピングをスタートすると、サインが少ないと感じるでしょう。いずれ動く時期がくるので、それまでは他の通貨ペアを監視することや、検証に労力を割くといいでしょう。

　1つの通貨ペアに絞ると、必ず動かない時期がくるので、いくつかの通貨ペアを監視することをおすすめします。マーケットが注目する通貨ペアの変化を追っていくようにすると、何かしらの通貨ペアが動いているのでチャンスは常にあります。

┃ローソク足は何pips伸びると縮むのか？

┃Q2　ローソク足をバネと考えるのはわかるのですが、1分足ではどれくらい伸びると縮むのでしょうか。目安はありますか？

　経済指標や要人発言の場合、結果（発言）次第で値が飛びます。一瞬で20pips急騰することもあれば、50pipsくらい急落することもあり、そのローソク足の長さはまったく予測がつきません。経済指標直後のトレードはNGなので、予測不能でもかまわない、予測不能だからトレードしないといえます。

　普通の相場、勝てる土俵の相場の場合、1分足で10pips以上伸びると高確率で反転します。もちろん10pipsよりも伸びれば伸びるほど縮む確率は上がるのですが、基準があると判断しやすいですよね。その基準が10pipsです。**ローソク足が10pips以上伸び、かつゾーン③などに到達したときは、私は「おいしいローソク足」ととらえています。**ただ、エントリーをかまえているときに、正確にローソク足の長さを測ることはできないので、だいたいの感覚でかまいません。視覚的にはゾーン1つ分でもいいと思います。

　正確に10pipsでなくてもよく、また通貨ペアによっても変わるので、10という数字よりゾーンのほうを重要視してください。なお、ドル円の10pipsとポンド円の10pipsでは、オーバーシュートの度合いも違って

▎図5-17▎ローソク足が長いと反転する

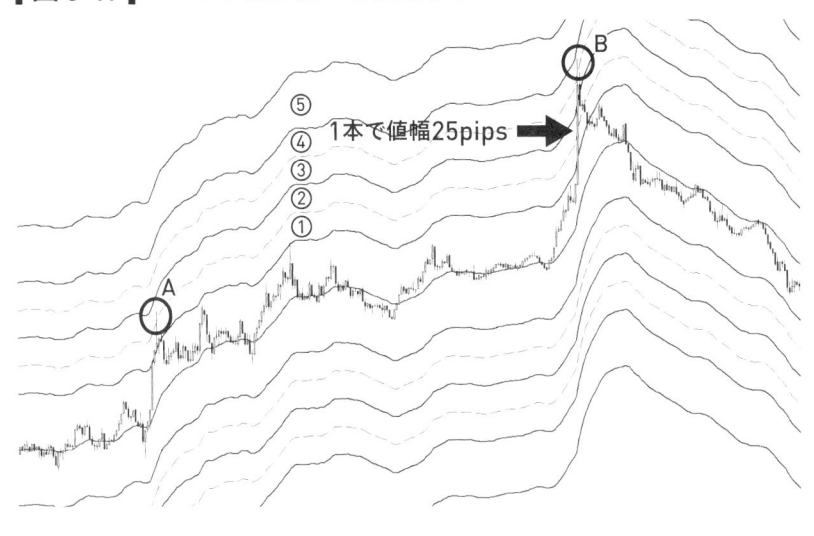

⑤
④　1本で値幅25pips ➡
③
②
①

B

A

きます。また、その前の数十本のローソク足の中で、一番ローソク足が長くなれば、反転する可能性が高くなります。

　図5-17のチャートを見てください。Aは、ヒゲが出現したポイントがゾーン②なので、普通にトレードできます。ヒゲが出現したローソク足は、さほど長さはありません。Bはローソク足の長さが目立ちますね。Bに到達するまでの直近数十本のローソク足の長さに比べ、とても長いことがわかります。この1本の値幅は25pipsあります。ここまで長いものは極端ですが、**長ければ長いほど反転する確率が高くなる**ということです。ただ、長いローソク足といっても、これが経済指標の直後ではトレードすることはできません。何もイベントがないときで、このような長いローソク足が出たときは、チャンスになります。

パラメータを変えては駄目？

Q3 パラメータを変えては駄目でしょうか。ゾーン①を移動平均線に近づけるとチャンスが多い気がします。サインが甘くなって駄目ですか？

やめたほうがいいでしょう。今のパラメータは、トレンドが出はじめた中で、一時的に反転するポイントに設定してあります。これよりも移動平均線に近づけてしまうと、トレンドが出ている最中に逆張りすることになり、オーバーシュートまで待たないことになります。勝率も落ちますし、狭いレンジ幅の相場しか勝てません。強いトレンドが発生するたびに連敗し、結局勝てなくなるでしょう。

では、パラメータを甘くし、移動平均線に近づけた設定を見てみましょう。図5-18を見てください。Aは逆張りすれば勝てそうな気がしますが、BからFまではどうでしょうか。まったく機能していないことがわかります。安易な逆張りの連続になり、チャートを見ただけでも勝てそうもありませんね。

図5-18 パラメータを甘くした場合

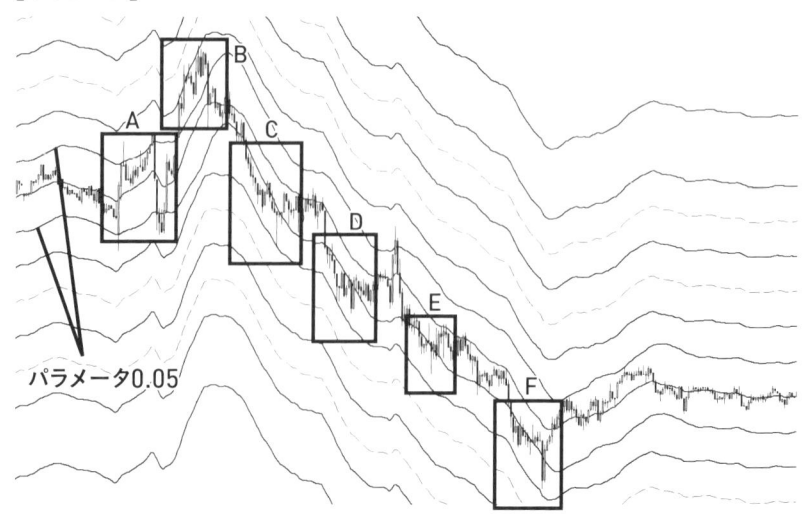

なぜナンピンは駄目なのか？

Q4 ナンピンしたほうが儲かる気がします。ナンピンをやらない理由はあるのですか？

　ナンピンをする場合、当然ながら損切りポイントをあらかじめ決めなくてはなりません。逆張りで考えると、ナンピンしていればいつか戻ると思いがちです。しかし、それは資金が無限にある場合です。そのような人はいないので、戻ってこない相場のときに、たった1回のトレードで口座資金を失います。特に、FXをはじめた最初のころは、ロット数が少なく損失も少額なため、損切りせずにナンピンしたくなる気持ちが強くあるかもしれません。しかし、そのようなトレードの癖がついてしまうと、ロットが大きくなってきたときに、メンタルも資金も耐え切れずに崩壊してしまいます。スキャルピングをスタートしたころこそ、損切りする癖を身につけてください。

　また、ナンピンするということは、エントリーの根拠が崩れているはずです。本来、損切りすべきですね。損切りせずに、さらにポジションを建てるなど、真逆の行動を取っていることになります。はたして、これは投資行動として正しいでしょうか。そんなことをしていては、いつまでたっても勝ちトレーダーになることはできません。

　図5-19のチャートを見てください。矢印のローソク足は、ゾーン⑤を突き抜けて、ヒゲが出現しています。エントリーチャンスだと思って、エントリーしたとします。利を伸ばそうとして決済し損ない、そのまま含み損になったとします。矢印の箇所で決済しないと、含み損になりますね。そのあと、ナンピンしたらどうでしょうか。どこでナンピンしたとしても、利益が出る場面は皆無に等しいことがわかります。つまり、大損するということです。ちなみに、矢印のローソク足は、経済指標時です。「経済指標時ならエントリーしないから関係ない」と思うかもしれません。しかし、**ナンピンすることを前提にしてしまうと、経済指標**

図5-19 ナンピンしても利益は出ない

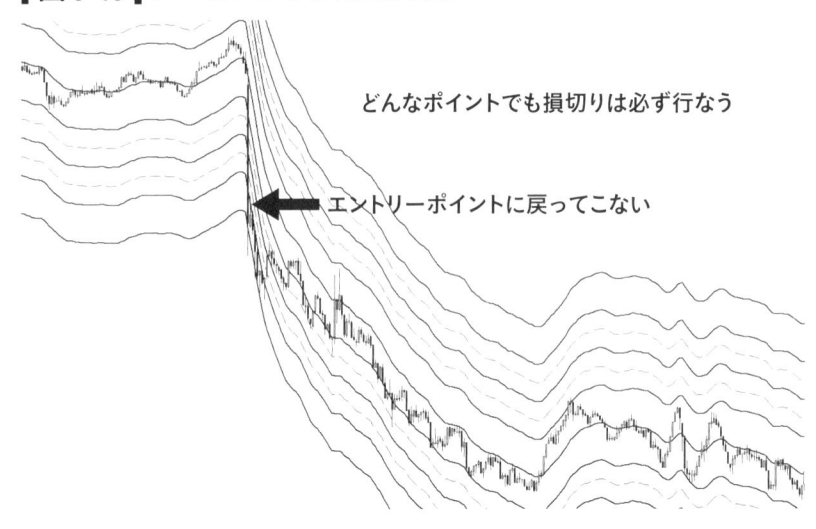

どんなポイントでも損切りは必ず行なう

エントリーポイントに戻ってこない

時だろうが普通の相場だろうが、おかまいなくエントリーするものです。逆行しても、「ナンピンすればいい」という思考になっているからです。たった1回のトレンドで口座資金を失ってしまうのは本当にもったいないことですし、後悔しか残りません。何があろうと、どんな相場だろうと「逆行したら損切りする」、これが勝ち続けるためのすべてです。利益確定に失敗しようが、エントリーを見逃したために機会損失になろうが、資金が減らない限り、チャンスはまたやってきます。しかし、1回で大損することだけは、トレードの世界では絶対にやってはいけないことなのです。

ゾーン③④⑤は分割してエントリーする！

　ただし、分割してエントリーすることはあります。たとえば、ゾーン③に到達したとき、ロットを3倍にします。ゾーン①が50万通貨だとしたら、ゾーン③は3倍の150万通貨ですね。このとき、150万通貨を1回でエントリーするのではなく、50万通貨ずつ3回に分けて入ります。エントリーを3回に分割して入ることになります。理由は、上下のブレ

をならす（平均化する）ためです。ゾーン③④⑤では、相場が乱高下していて、さらに短期的に大きな値幅が出ます。このようなときは、ティック回数が大幅に増え、わずか１秒の間でも数pipsもの上下動があります。エントリーした瞬間に、1pips〜2pips逆行することも多々あります。もし、すぐに損切りをしてしまうと、損切りした１秒後などに反転して思惑の方向へ戻す場合があります。これは悔しいですね。反転するという目線は正しいのに、わずか１秒足らずの判断で損切りになるわけです。

　これを防ぐために、１回エントリーしたら、たとえば５秒後にもうワンショット入れ、さらに５秒後にもうワンショットを入れるようにします。これで、合計３回エントリーしたので、ポジションは150万通貨になります。数秒ずらすことにより、上下動のダマシを防ぐことができます。２ショット目と３ショット目を時間的にずらすことで、上下動をならすことができるのです。これがプラスに働くこともあれば、マイナスに働くこともあります。

　150万通貨を１回で入っておけばよかった、と思うこともあるでしょう。しかし、その逆もあります。150万通貨を１回で入ったあと、損切りしてから反転してしまうことです。どちらがいいか天秤にかけるわけですが、**長期的に期待値が高いのは、分割してエントリーするほうです。**その理由はとても簡単です。そもそもゾーン③④⑤は反転する確率が高いからです。思い出してください。ゾーン③の勝率は70％、ゾーン④は75％、ゾーン⑤では80％を超えてきます。分割エントリーしたことにより、たとえ平均値がマイナス方向になったとしても、利食いできる回数が断然多くなります。分割エントリーの考え方も、ぜひ覚えてください。もちろん、分割して全ポジションを入れたあとに、そこから逆行したら損切りは行ないます。損切りも少し大きくなりますが、それ以上に利益のほうが多いので、安心してください。そもそも期待値が高いポイントだからです。

　実際に、チャートを見てみます。図5-20を見てください（くわしく見るために１分足を拡大しています）。

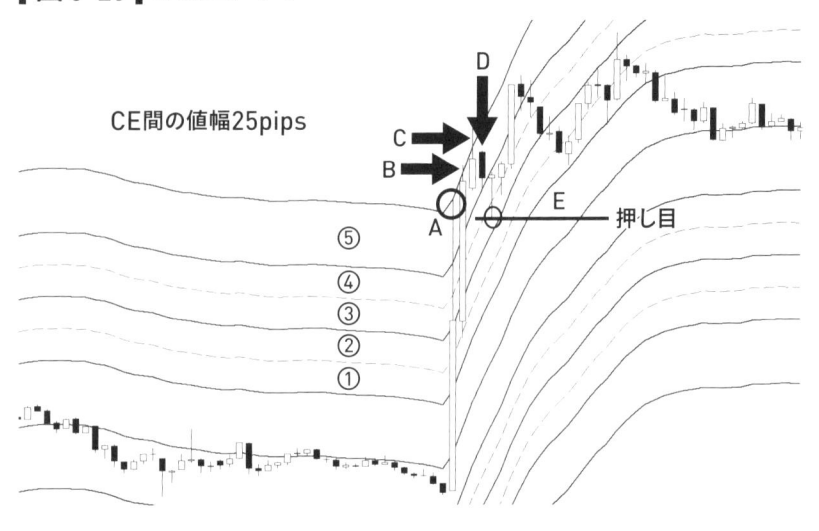

突然動き出しました。経済指標ではないので、何かニュースが出たので
しょう。このようなとき、エントリーを躊躇することがあります。躊
躇したときは見逃してもかまいません。怖いのにエントリーするのでは、
楽しくありませんね。Aでヒゲが出て、2ティック待って長いヒゲを確
認できたらエントリーしてもいいでしょう。ロット数は、ゾーン①の初
期ロットでもいいでしょう。ゾーンにより段階的にロットを上げていく
のは、段階的にトレンドが進んでいるとき、N字を描いているときです。
いきなりゾーン⑤に到達し、最大ロットを張るのは怖いですからね。

さて、今回重要になるのは、B、C、Dです。結果的に数分かけてEの
押し目を作りましたが、もし、BでエントリーしてCで損切りしていれ
ば、悔しい結果になりますね。そこで、分割エントリーをします。最終
的には、下げて利益確定はできるのですが、ゾーン⑤は上下に振られる
ポイントです。そこで、分割エントリーをするとエントリー価格がなら
され、損切りをしなくてすみます。

　たとえば、Bで2ショット、Cで2ショットでもいいでしょう。Bで1ショット入れ、10秒ずつ残りの4ショットを入れてもいいです。やり方に正解はないので、分割して約定値をならす方法も、スキルの1つとして覚えておいてください。決済するときも、Eでまとめて利益確定することは無理なので、分割して決済してもいいですね。たとえば、全部で5ショット入れたとして、1ショットずつ数pipsずらして決済してもいいですし、10秒おきに決済してもいいでしょう。決済約定値もならすことができます。CE間は25pipsあるので、すべてのポジションが利益確定できますね。方向性が正しければ、天井で損切りするなどの悔しい思いをしなくてすみます。

　仮にEまで落ちてこないで逆行した場合、全ポジションをまとめて損切りすると損失額が大きくなります。分割決済で、2ポジションは利食い、3ポジションは損切りなどにおさえれば、損失額は小さくなります。損切りの約定値もならすということです。

▌同じローソク足で何度でもエントリーしていい

　ちなみに、Aのヒゲは長いです。一度エントリーして利食いしたあと、また上昇したあとに下げはじめれば、再エントリーできます。**1本のローソク足につき、1回しかトレードしないというルールはありません。1分のうちに何度も上下動しているなら、何度もトレードできます。**今回のように突発的にローソク足が伸びたときは、1分の間に何度も上下動することがあります。同じローソク足で何回もトレードするパターンも想定しておきましょう。

▌相場の仕組みを知っていれば逆張りは怖くない

▌Q5　トレンドが出ると逆張りでは難しいのではないですか？　相場に逆らうような気がして怖いです。

　相場の仕組みを理解すれば、まったく怖くありません。むしろ、チャ

ンスに思えるはずです。

　相場の仕組みとして、トレンドは一方向へ進み続けることはなく、必ず押し目や戻しがあります。N波動を思い出してください。トレンドはNの字で進みましたね。N字を形成するプロセスで反転しなければならないのです。その反転するタイミングを狙うのが、本手法の逆張りです。

　むやみに逆張りしても、勝てるはずはありません。反転するタイミングを、エンベロープの5つのゾーンで測ります（勝率はこれまで説明してきた通りです）。期待値は高いので、淡々と繰り返し行なっていきましょう。そうはいっても、怖いという感情は頭で理解しても消えるものではありません。自らトレードし、逆張りのよさを心底理解しないと駄目ですね。何よりも、日々トレードを行ない、経験を積むことで怖さは消えていきます。いずれ、怖いどころか、トレンドが発生するたびにワクワクするようになってきます。

負けやすい相場は「じり上げ」「じり下げ」

▌Q6　トレンド相場とレンジ相場のどちらが有利ですか？　勝ちやすいとか、負けやすい相場はありますか？

　トレンド相場のほうが圧倒的に有利です。1分足スキャルピングのモットーは、オーバーシュートからの反転です。オーバーシュートは、トレンドが出たときに発生します。トレンドは一方向へ進み続けることはなく、一時的な反転が必ずあります。この反転を狙うので、トレンドが出なければチャンスがないことになります。逆張りなのでレンジ相場が有利だと思うかもしれませんが、レンジ相場はオーバーシュートがないので、根本的に考え方が違います。また、レンジのときは値動きがゆっくりで、1分足でのスキャルピングには不向きといっていいでしょう。

　勝ちやすい相場は、本書内のトレード例で説明したような、エンベロープに加えてネックラインになる他のテクニカル根拠が重なったときです。反転する期待値が高い根拠が2つ以上あるといいですね。**チャート**

分析が上手になってくると、このようなポイントをいくつも見つけられるようになります。

　また、トレンドが発生すると、必ず何かしらのネックラインが見つかるはずです。エンベロープのゾーン①を超え、第2波以上のN波動が形成されれば、ネックラインはあると考えてください。トレンドが発生しているのに、ネックラインを見つけられないのなら、それは着眼点が間違っているのかもしれません。もう一度、CHAPTER3のテクニカル分析を読み返し、復習しましょう。

　一方、負けやすい相場は、「じり上げ」や「じり下げ」のときです。図5-21のチャートを見てください。相場の参加者が少ないときや、中長期トレンドがなくレンジ相場のときに発生します。相場の参加者が少ない時期は、クリスマス相場や「夏枯れ相場」といわれるときです。相場をけん引しているヘッジファンドなどの機関投資家が休みに入るため、動きが極端に少なくなるのです。大きな注文がないので、新しいトレンドが発生しづらくなります。また、経済指標で急騰や急落をしても、売買が増加せずにそのまま膠着してしまいます。上がったまま膠着する「上

▌図5-21▌「じり下げ」で負けやすい相場

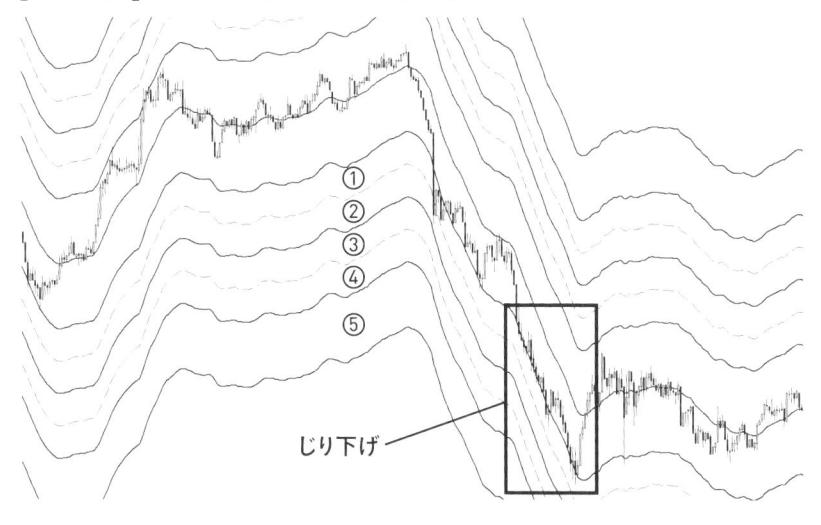

げ止まり」、下がったまま動かなくなる「下げ止まり」のようなものです。

　また、こうした時期以外でも、普段でも相場が薄い時間は往々にしてあるので、注意しておく必要があります。私が意識しているのは、「反対売買が出るか」ということです。反対売買が出る、それは、反転するということです。経済指標など、何かをきっかけに短期トレンドが出たとき、誰もが上昇すると思う材料なら、反転せずにだらだらと上げていきます。売る人がいないため、反転せずに上昇していくのです。反対売買が出ないと、相場が薄くなりそのまま膠着してしまいます。「じり上げ」や「じり下げ」が続いているときは、「今回もそうなるかな」と予測できますので、トレンドが発生するたびに意識しておきます。そうすることで、エントリーをスルーするなど、負けを防ぐことにつながります。

　図5-21のチャートの四角の箇所のように、1本ずつ安値切り下げ、高値切り上げになります。損切りした分を取り返したいからといって、次のローソク足でエントリーするなど、1本ずつ逆張りしていては連敗します。損切りしたら、ルール通り、移動平均線に戻るか次のゾーンにいくかを観察しましょう。反対売買が出ないと、陽線や陰線が数十本連続します。連敗しやすい場面なので、注意してください。逆に、このような「じり上げ」や「じり下げ」で負けを防げると、右肩上がりで資産増加が見込めます。じりじりと動く相場の見極めができれば、通常の相場ではより簡単に勝てるようになります。その意味で、勝つよりも負けを防ぐほうが重要なのです。

私のトレード環境

Q7　1分足はどのくらいの時間分を表示すればいいでしょうか?

　1分足は1時間で60本形成され、1日だと1440本形成されます。1日分の1分足を1つの画面に表示することは不可能です。私はエントリーサインを待っているときは、だいたい2時間分、120本くらいを表示しています。これを6通貨ペア出しており、1枚のモニターに3通

貨ペアを分割して表示しています（トレードルームには何枚もモニターがあります）。そして、トレンドが発生すると、トレード対象の通貨ペアを全画面表示します。そうするとラインが引きやすく、値幅観測などの分析がしやすくなります。トレンドが終わったら、3分割に戻します。このように、普段は3時間くらいしか表示していないのですが、ときおり全画面表示してまた戻すなど、こまめに拡大と縮小を繰り返しています。重要なことは、相場環境が把握できていればいいわけですからね。表示本数が多くても少なくても、分析できてストレスなくトレードできればいいでしょう。「何時間必要」などはないので、見落としがないような表示本数にしてください。

　図5-22は私が表示している画面の一部です。1つのモニターに3通貨ペアを出しています。1つの通貨ペアが約90本表示されているので、だいたい1時間半ですね。ちなみに、実際の私のモニターは120本近く

▌図5-22▌ 1つのモニターに3通貨ペアを表示

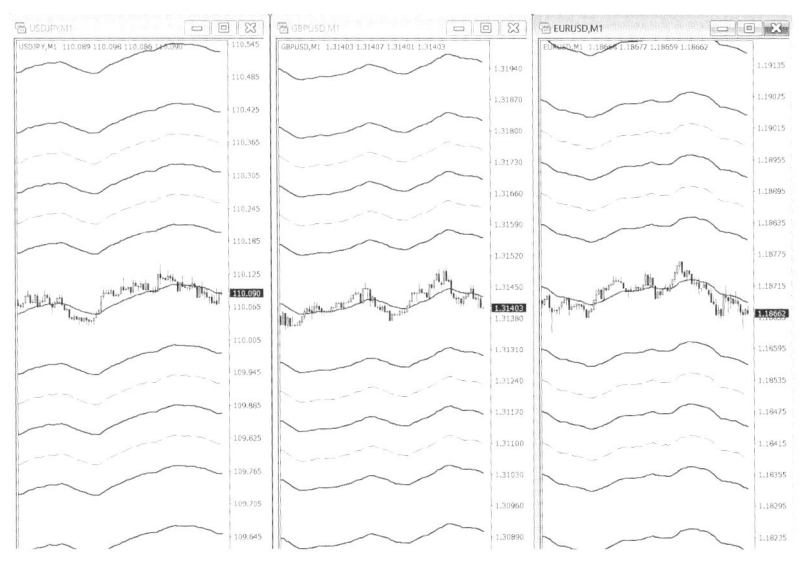

表示されています。イメージとして考えてください。ドル円が動き出した場合は、ドル円だけを全画面表示にしたりします。また、通貨ペアごとにチャート分析してラインを引くときなど、全画面表示にして切り替えています。

強いトレンドが出ると移動平均線まで戻らない

Q8　数pipsで利益確定するのではなく、移動平均線まで引っ張ると多く勝てるのではないでしょうか？　利益確定しても、もっと持っておけばよかったと思うことがよくあります。

　移動平均線まで戻ることも多いので、そう感じると思います。しかし、トレンドが強いと、移動平均線まで戻らずにトレンド回帰します。そのため、強いトレンドは必ず負けることになり、トータルで勝てません。たとえば、ゾーン①でエントリーして2pipsで利益確定したあと、移動平均線に戻った場合には、10pipsくらい取れたのではないかと感じるでしょう。しかし、移動平均線に戻らずにトレンド回帰したらどうでしょうか。そのあと、ゾーン②でエントリーしても移動平均線に戻らないとします。ゾーン③④⑤でも戻らないと、全敗してしまいますね。ゾーン⑤の場合は、いずれ移動平均線に戻るでしょう。しかし、損切りしてから戻るかもしれませんし、移動平均線に戻るまでに何十分もかかるかもしれません。もはやスキャルピングではありません。ゾーン⑤の場合は、**移動平均線までホールドするのではなく、目安10pipsが一番高い期待値です。**ゾーンごとの利食い損切り幅を思い出してください。オーバーシュートから数pipsを目安に取ることが、スキャルピングで最大限利益を出すやり方です。

エントリーはローソク足の確定を待たない

Q9 エントリーは、サインが発生してから1分足を確定する必要はないですか?

　確定を待つ必要はありません。ヒゲが出た瞬間にエントリーするので、ローソク足の実体を形成している最中にエントリーすることになります。ローソク足が確定するのを待つと、ヒゲの意味がなくなり、反転するタイミングが測れなくなります。ローソク足が確定するか否かは、時間の問題であって、相場とは無関係ですからね。反転する兆しが出たら即エントリーします。

乱高下している渦中でトレードをするのは無謀

Q10 経済指標はトレードを見送る判断でしたが、経済指標のときでもゾーン⑤より外側にはいかない気がします。逆張りで勝ちやすいのではないでしょうか?

　経済指標発表後、1分以内はとても危険なので見送ります。できれば数分間は見送りたいところです。もちろん、ローソク足やチャートの形にもよります。勝てる気がするのは、できあがったあとづけのチャートを見ているから、「逆張りすれば戻る」と思うのでしょう。実際の指標発表時は、スプレッドが広がっていて、急騰してもすぐ急落、急騰してまた急騰などのように、ランダムに動いています。発表後の1分足が確定するまで激しく上下動しすぎていて、「これから下げる」「これから上がる」といった予測をすることは不可能に近いです。1分足が確定し、できあがったチャートを見ると、ゾーン⑤を突き抜けることが少ないのですが、かといって乱高下している渦中でトレードをするのは無謀なことだと考えてください。

　たとえば、ゾーン③に到達してエントリーしたとします。そのあと、

一瞬でゾーン⑤まで値が飛ぶこともあります。これではルール通りの損切りなどできないので、やむなく損切りしたら－15pipsだった、などといった大きな負けトレードになってしまいます。ただ、この相場をあとづけで見ると、ゾーン⑤で反転している、ということしかわからないのです。ゾーン③でヒゲが出たという事実は、見えてきません。このようなことも、実践していけばわかってくることと思います。

通貨ペアによりパラメータを変える必要はない

Q11 ドル円よりもポンド円やユーロ円のほうが値動きが激しいですが、パラメータを大きくしなくても大丈夫でしょうか?

パラメータを変える必要はありません。どの通貨ペアでも同じ数値にしてください。理由は、エンベロープまでの値幅が、通貨ペアごと自動的に計算されているからです。たとえば、ゾーン①なら、パラメータは0.1%です。110.00円に対しての0.1%は11pipsなので、移動平均線からゾーン①まで11pips離れていることになります。140.00円に対しての0.1%は14pipsです。移動平均線からゾーン①まで14pips離れているということです。通貨ペアごとに価格は異なりますね。同じ0.1%の設定でも、高い価格ほどゾーン①までの距離がある(値幅がある)ことになります。自動的に計算して表示されているので、値動きが激しいからといって通貨ペアごとにパラメータを変える必要はありません。

ドル円とポンド円を比べてみます。図5-23のチャートを見てください。左側がドル円、右側がポンド円です。ゾーン①までの値幅を見ると、ドル円は11pipsですが、ポンド円はドル円よりも価格が高いため、14pipsもあります。同じ0.1%の設定ですが、現在価格が違うので、計算結果が異なり、ゾーンまでの値幅も異なるわけです。そのため、通貨ペアにより、パラメータを変える必要はありません(チャートには載っていませんが、ゾーン⑤までの値幅はドル円が44pipsでポンド円は57pipsです)。

なお、注意するのは、ドルストレートとクロス円の値幅の違いです。

図5-23 ▏ドル円とポンド円の比較

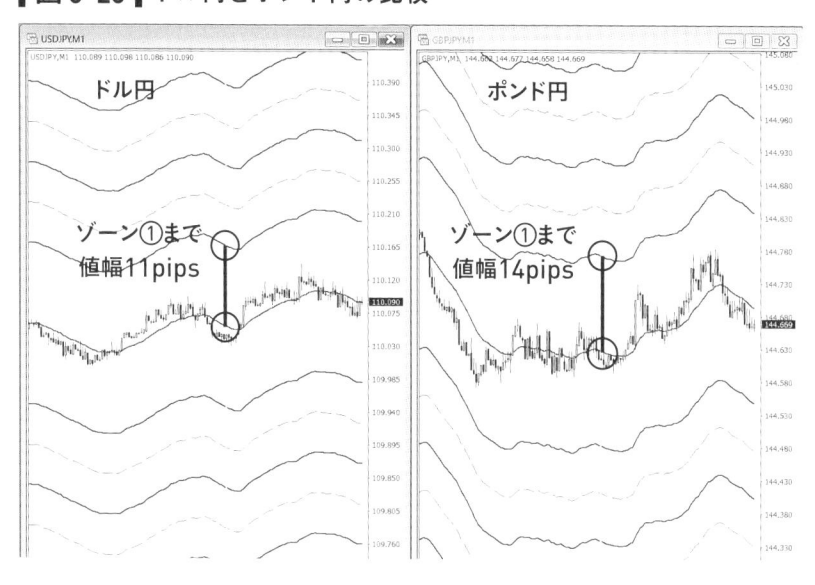

　ドルストレート2つの通貨ペアとクロス円が同じ方向へ進んだとき、クロス円はドルストレートよりも値幅が出ます。パラメータの違いではなく、通貨ペアの違いにより値幅に差が出ます。どちらにしても、クロス円は値幅が出るので、ゾーン①②は様子見が多くなります。

▌常に「考える」ことで「勝ち続ける」ことができる

▌**Q12　ぶせなさんには悪いと思うのですが、違う手法も同時に試していいですか？　それとも手法は1つに絞ったほうがいいでしょうか？**

　1分足スキャルピングに限らず、たくさんのやり方を試してください。FXの勝ち方は、100人のトレーダーがいたら100通り存在します。正解はないということです。1分足スキャルピング手法は、FXの勝ち方のごくごく一部であって、氷山の一角です。私のやり方だけが正しく、他の手法は邪道だなどというつもりはありません。「私はこのルールで勝

っています」というだけで、みなさんにとってほんの少しでも参考になれば、それだけでうれしく思います。エントリーのタイミングや、反転を狙う考え方を、ぜひ他の手法でも生かしてください。

むしろ、手法を1つに絞ると、その手法が通用しなくなったときに、路頭に迷ってしまいます。他のやり方はないものか、もっと期待値の高いトレードはできないものか、「常に『考える』ことにより」勝ち続けることができるのだと思います。普段から試行錯誤しているからこそ、相場の流れが変わっても、それに対応できるのでしょう。ぜひ、いろいろな手法を試してください。

CHAPTER

6

ルールより大切な
「勝ち続ける投資思考」

39 上級者ほど投資思考が一番重要だと考える

　ここまで、スキャルピングのルールやテクニカル分析、相場の見方などについて説明してきました。どれも、利益を出すために私が重要だと思っていることで、実際のトレードでは絶対に欠かせないものでしょう。

　そして、このCHAPTERでお伝えするのは、勝ち続けるために不可欠な「投資思考」についてです。これはルールを構築したあと、利益を出し続ける土台となるものなので、ぜひ参考にしてください。

勝てないときこそ、自分自身の投資思考が試される

　投資思考は、チャートの設定法やテクニカル分析のように、目に見えるものではありません。それだけに伝えにくいこともあり、重要視していない人が多いのではないでしょうか。結局のところ、勝てるルールがあれば、思考など関係ないと思う人もいるかもしれません。一時的に勝つのであればそれでいいかもしれませんが、この本を手に取ってくれたあなたには、驚くほどの利益を出してほしいと思っています。そして、そのためには、一時的ではなく継続して勝つ、「勝ち続ける」必要があるのです。

　勝ち続けるには、それなりの年月を要します。年月がかかるというこ

とは、相場の移り変わりがあり、必然的に損益の浮き沈みがあります。勝っているときは、誰しもメンタルが崩れることがないため、投資思考の重要性はわからないでしょう。

しばらく調子よく勝っている状態を考えてみてください。このあと勝てなくなるから、今のうちからトレードを控えめにして負けに備えよう、などと考えるでしょうか。おそらく難しいですね。調子がいいときは、このまま勝ち続けようと思うのが普通です。私も例外ではありません。しかし、調子が悪い時期は必ずやってきます。

重要なのは、勝てない時期です。勝てないときこそ、自分自身の投資思考が試されるときです。ちょっとしたことでイライラする、自暴自棄になるなど、マインドがしっかりしていないと大損する機会はいくらでもあります。適切な投資思考を兼ね備えた常勝トレーダーは、このことをよく理解しています。

┃ 1億より先を稼げるトレーダーになるために

1億稼いだあと、驚くほど短期間で同じくらい負け、退場するトレーダーはあとを絶ちません。「1億稼いだなら安泰でしょう」と思うでしょう。しかし、1億稼いだからといって、その後も勝ち続けられる保証はありません。

もし、みんなが勝ち続けられるなら、短期間で10億以上勝つ人が続出しているはずです。1億はたくさんいても、5億や10億となってくると、極端に減ってきます。

読者のみなさんは1億稼いでも、そのあとも勝ち続けられるトレーダーを目指してください。まぐれではなく、なるべくして1億を稼いでください。人は、普段から意識している姿になるものです。

40 | 最終的には ロットを張るため 集中して取り組もう

　あらためて、FXをスタートした目的を思い出してください。大きく稼ぐことですよね。月に数万程度の副収入でもいいという人もいると思いますが、数万円を安定して稼ぐことができるのであれば、ロットを上げるだけで、数十万や何百万単位で勝てるようになるでしょう。

ロットが大きければ、稼ぐためには有利になる

　目標額が少ないから勝ちやすいということはありません。たとえば、月に5万円勝つのを目標にするのと、100万円を目標にするのでは、5万円のほうがかんたんに感じるかもしれません。しかし、どちらがかんたんというのはないと思います。たとえば1万通貨のトレードで5万円勝つには、500pips必要です。100万通貨でトレードするなら、100万円勝つためには100pipsで十分なのです。500pipsを毎月安定して取るよりも、100pipsのほうが5倍かんたんですよね。かんたんというと語弊がありますが、必要な労力という意味です。

　要するに、ロットが大きければ、稼ぐには有利になるということです。獲得pipsが少なくてもいいので、期待値の高いポイントだけトレードしていればいいわけです。したがって、目標金額が少ないから安定して勝てるわけではないのです。

大ロットを想定して真剣に、集中して取り組む

　スキャルピングで億単位を稼ぐために最終的に必要なのは、ロットを大きく張ることです。どんなに優れたルールを持ち合わせようが、目を見張るほどのスキルがあろうが、ロットを張らなければ大きく稼げないのです。1万通貨でトレードしても、生計を立てることはできません。そのために、将来的に大ロットでトレードすることを見据えて、集中して取り組んでください。

　最初は1万通貨などの小ロットでも、100万通貨でトレードしている想定で取り組むことです。そうすると、損切りをしないナンピンは怖くてできませんよね。小ロットだからといってルールを破っていると、その癖がついてしまい、ロットを上げたときに同じようなトレードをしがちです。もしくは、怖くてロットを上げることができないかもしれません。「ロットを上げたときにきちんとやればいいじゃないか」と思っていても、実際にはそんなに都合よく改善できません。試行錯誤する今の段階から、大ロットを想定して真剣に、そして集中して取り組んでください。そうすれば、自然にロットを上げていくことができます。「ロットを上げたとき、このようなトレードを行なっていて大丈夫だろうか」と常に自分に問いかけてください。

　スキャルピングは、ロットを上げてこそ大きく稼ぐことができます。また、それが一番の醍醐味です。ロットを上げることを当然のごとく目指し、意識レベルを上げていきましょう。

41 | 過去の大損と大勝が弊害となる

　もし準備不足のままトレードを開始すれば、初心者なら大損するのは自明です。そして、心の準備ができていないまま大損すると、これがトラウマになることがあります。突然大損するため、「また大損するのではないか」という恐怖に襲われてリスクを取れなくなります。過度なリスクはもちろん不要ですが、適切なリスクすら取れないため、まったくリターンが得られない状態が続きます。そして、何年トレードしても大して儲からないという結果になります。これは往々にしてあるパターンです。

焦らず1回のトレードを丁寧に行なう

　逆に、大勝した場合も、それが弊害になることがあります。一度、甘い蜜を吸ってしまったがために、もう一度同じように勝ちたい、とリスクをどんどん取るようになり、いずれ大損する場合があります。実力ではなく、まぐれで1発あてたトレーダーに多い考えです。実力ではないため、継続して勝つことができません。しかし、「過去にできたならもう一度できるはずだ」と勘違いし、やがて破滅していきます。ギャンブル依存症に近いといえるでしょう。長期的に考えず、その日だけ勝ちたい、もう一度あの蜜を吸いたいと、期待値がないことに気づかずにトレ

ードを繰り返してしまいます。冷静にトレードできず、検証や分析をしていても頭に入ってこない状態が続きます。

　こうならないよう、毎日コツコツと努力を積み重ねることが必要です。どこかで歯車がかみ合わなくなったとき、焦らずに1回のトレードを丁寧に行なうようにします。

今できることに最善を尽くす

　ちなみに、私は大損のほうのパターンでした。リーマンショックで1000万の大損をしたのですが、この恐怖感は昨日のことのように覚えています。損切りを躊躇したときなど、もしかしたらこれをきっかけに歯車が狂ってしまわないか、と思い詰めていた当時の記憶を鮮明に思い出すことができます。

　大損はたった1回だけ損切りをためらうことで起こります。大損して以来、怖くて手が出ないという状態まではいかなかったのですが、嫌な記憶としてずっと残っています。今でも、もっと利益を出したいと思ってはいますが、心のどこかでブレーキをかけてしまっているのかもしれません。もし、この大損さえなければ、もしかしたら何億も利益を出せているかもしれないと思ったりします。しかし、過去には戻れないので、今できることに最善を尽くすだけです。

　良くも悪くも、大損や大勝が弊害になる可能性も考えておきましょう。逆に、そのような経験をプラスにしていこうというマインドがあれば、勝ちにつながります。

42 | 失敗して自暴自棄になる ことだけは避けよう

　これだけは絶対にやってはいけない、というものがあるとしたら、自暴自棄になることです。これは、私の経験上最も後悔する行動です。

▍「守りの資金管理」が我が身を助ける

　私がリーマンショックでほとんどの財産を失ったのも、自暴自棄になり無限ナンピンをした結果です。幸い、そのあとは「守りの資金管理」をしっかり行なっているので、たとえ一度大損しようがそれほど痛手はありません。冷静に戻ったとき、もし全財産をかけてナンピンしていたら終わっていたな、と考えることがあります。

　「守りの資金管理」のおかげで助けられたことが何度かあります。私はスキャルピングを開始してから一度も口座を飛ばしたことはないのですが、資金管理をしているために、そこまで自暴自棄にならないのかもしれません。どちらにしても、自暴自棄になることだけはやめましょう。俗にいう、キレるという行為です。冷静さを失ったときのトレードほど、危険なトレードはありません。キレて大ロットでエントリーしたり、ナンピンしたりしてはいけません。ここで仮に取り返せてしまったとしても、こうすればいいのだと記憶されてしまい、次も同じ行動を取ります。そしていつかは退場させられてしまいます。

自分1人だけだと、周りが見えなくなる

　自暴自棄になる要因として、トレードが個人プレーである点が挙げられます。機関投資家のディーラーのように組織で売買するわけではなく、個人投資家はすべて自分の判断で売買しなければなりません。上司が見ているわけでもなく、誰かに指示されることもありません。そうなると、何が正しくて何が間違っているのか、指摘できるのは自分だけです。少しレールを外れたことに気づかないと、そのまま進んでしまうので取り返しのつかないことになります。

　また、自分ではレールが外れていることに気づきにくいものです。そのため、パニック状態はいいすぎですが、メンタルを崩すことなど簡単でしょう。会社の仕事でパニックになることはありませんよね。しかし、同じことをやっていても、ひとたび自分1人だけで判断しなければならなくなると、周りが見えなくなるものです。孤独だからこそ、自暴自棄になりやすいという点は覚えておきましょう。

43 攻めと守りの姿勢を バランスよく考える

　勝つことばかりでなく負けることも想定すべき、ということは154ページで書きました。FXをはじめたばかりであったり、特に負けた経験がなかったりする人は、負けることなど考えないと思います。また、勝つためにトレードするのですから、最初から負けを想定するのは難しいですね。しかし、経験を積むにつれ、勝つこともあれば負けることもあるとわかります。

短期的に利益を出そうとせず、長期的に考える

　連戦連勝など無理で、考えてみれば負けがあるのは当然です。そうした負けを大負けにしないコツは、短期的に利益を出そうとせず、長期的に考えることです。こう考えると焦りがなくなり、無茶なロットでドキドキするようなトレードをしなくなります。

　また、トレードにかかわることすべてに対し、同時にバランスよく視点を置くようにします。「同時」というのがポイントです。たとえば、エントリーポイントを探すときは、イグジットポイントも同時に考えるのです。**エントリーポイントしか考えずにトレードすると、イグジットポイントを決めていないため、一貫性のあるトレードができません。**利食い幅を考えるときは、損切り幅も同時に考えます。１分足の細部だけ

見るのではなく、15分足、1時間足、日足などの大局も必要でしょう。

　また取引口座も、狭いスプレッドがメリットだといって、ここだけに焦点をあてるのではなく、デメリットは何か同時に考えます。FX会社によるスリッページや約定力の違いもあります。リターンを得たいなら、さまざまなリスクも同時に考えます。

▌今、勝っていても、いずれ負けるときがくる

　投資は「攻める」ことで大きな利益につながります。そして、「守る」ことで損失を防げます。**利益を出すためにやることと、損失を防ぐためにやること、これを同時に考えることで、最大限の利益が追求できます。**どちらかしか考えないと、もう片方が足を引っ張り、最大限の利益を引き出すことができません。バランスよく考える癖をつけましょう。そうすると、今が攻める時期なのか、それともトレードは控えめにして様子見を多くし、資金を減らさないことに徹する守る時期なのか、考えるようになります。バランスよく考えることで、他の面でも攻めと守りを天秤にかけ、「今どちらのほうがいいのか」と考えるようになります。

　その一方で、長年トレードをしていると、目線を切り替える難しさも感じます。昨日まで攻める姿勢でロットを張っていたのが、今日になって突然ロットを落としたり様子見をしたりするなど、1日で切り替えるのは難しいことです。ただ、勝ち続ける思考になっていれば、「ちょっと昨日までの流れと変わった」「トレードがかみ合わない」などの異変に早い段階で気づくことができます。

　ほとんどのトレーダーは、流れが変わったことに気づかず、毎日同じ感覚でトレードするから勝てなくなるのです。これは、スキルではなく考え方の問題なのです。

44 | お金に執着しない

　投資の最終的な目的は、大きな利益です。これは紛れもない事実だと思います。しかしゴールだけを見てしまうと、プロセスを大切にしなくなるので、ちょっと立ち止まってください。

とにかく適切なプロセスを踏んでいく

　ゴールは大切ですが、最も重要なのはプロセスです。なぜなら適切なプロセスを歩まないと道を外れてしまい、ゴールにたどり着けないからです。ときには今取り組んでいることが、はたして適切なプロセスであるか、何のための学びなのかを立ち止まって考えることも必要です。

　客観的に分析するには、「大金を手にしたい」という欲は、とりあえず考えないようにしましょう。お金のことを優先してしまうと、必ず見落としや焦りが出てきます。自分は大丈夫だと思っても、人間である以上、欲に勝てると思わないでください。また、急いで稼ぐ気持ちがあると、都合のよい情報だけを集め、不利な情報は見ないようにしてしまいます（これを「確証バイアス」といいます）。こうなると、途中で大損するなど、逆に遠回りすることになります。

　まず、期待値の高いやり方を繰り返し、「トレードでコツをつかむ」感覚を得るようにしましょう。利益を考えるのは、そのあとで十分です。

スキルを身につけ、ある程度の経験を積めば、利益は自ずとついてきます。こうなる状態までコツコツと努力できるかどうかも、トレーダーとしての資質が問われます。

｜「稼ぐ」よりも「スキルアップ」を優先する

「勝ち続ける投資思考」を意識していると、ある日突然、というとおかしいのですが、「最近予測があたるようになってきた」「今までにはない利益を出すことができた」など、少し成長を感じるときが必ずやってきます。チャートの見方が深くなる感覚です。私もよく覚えているのですが、予測した通りに価格が動くなど、手ごたえを感じる時期があります。同時に、チャートを見ていて、より多くの情報を引き出せるようになった感覚を持てるようにもなります。

コツをつかむまでは、チャートを見ていても、どこでブレイクするか、反転するか、事後的にしかわからなかったものです。それが、エンベロープのゾーンに入ると反転しやすいとか、ラインにぶつかると売買が交錯して値動きが変わるなど、予測ができるようになってくるのです。

スキャルピングに没頭してから、3か月から半年くらいだったと思います。毎日10時間以上はチャートを見ていたのですが、たしかに見方が変わりました。**お金を稼ぐというよりも、手法を構築したいという気持ちが強く、それがよかったのかもしれません。**手法を構築すれば、いくらでも稼げるから、今は検証や分析を徹底しようという気持ちでした。

1分足スキャルピングのコツをつかむまでは、まずはデモトレードでスキルを磨き、自信がついてきた段階で実践にチャレンジしていくという形でもいいでしょう。「稼ぐ」よりも「スキルアップ」を優先してください。

45 | 重要なのは 修正するスキル

　ルールを構築し、勝てるようになった。はたして、ここが最終地点でしょうか。そんなことはありません。

▐ 相場は常に変わるもの

　期待値の高いルールを構築し、ある程度の利益が出せたとします。仮に１億円勝てたとしましょう。しかし、明日からも勝てるかというと、そんな保証はいっさいありません。目指すべきものは、この先も「勝ち続ける」ことですよね。昨日までのことは過去に起こったことなのです。

　相場は常に変わります。中長期のトレンドが変われば、１分足の値動きも大きく変化します。直近１年間は勝てたとしても、それは、その１年間の値動きに合わせたトレードをやっていたからです。もし、値動きの変化に気づかずに同じやり方を続けたら、勝てなくなりますね。相場の変化を感じ取り、やり方を軌道修正しなければなりません。

　相場の変化に限らず、手法そのものや投資思考なども、修正していく必要があります。今の状態がトレーダーとして完璧なら、修正する必要などないでしょう。完璧な状態が続くことなどありませんし、相場に聖杯は存在しません。完璧でないからこそ、より優れたトレーダーになるために、検証と実践を繰り返し、反省して次のトレードに生かします。

ちょっと負けが続いたときなど、異変にいち早く気づき、何が間違っているのか、どうすれば勝てたのか、修正していきます。

完璧でないからこそ、誰でもレールから外れることがあります。気づくのが遅くなってレールから外れすぎてしまうと、修正に時間がかかってしまいます。その間、迷いがあったりメンタルを崩しやすくなったりして、大損するリスクが高まるので、レールを外れすぎない段階で修正することが必要でしょう。

過剰といえるくらい軌道修正する意識を持つ

そのために、毎日とはいわずとも、週に1回はトレード履歴とチャートを見返すなど、自分なりに反省しましょう。今やっていることが相場とずれていないか、確認するためです。私は週末に行なうようにしています。土曜日は業者がメンテナンスを行なっているので、特に日曜日に反省することが多いでしょうか。相場が休みだと、かなり冷静に、そして客観的にチャートを見ることができます。週末以外行なわないのではなく、相場に動きがないときなど、平日でも軌道修正は行ないますが、最低でも週1回はこの時間を設けています。勝ち続けるトレーダーは、常に修正していく必要があると思っているからです。

修正は、レベルが高いトレーダーほど、無意識のうちに行なっていると思います。ただし、私も含めて、ほとんどのトレーダーは意識していないとレールから外れてしまうので、勝ち続けるためには、過剰といえるくらい軌道修正する意識は持ったほうがいいでしょう。

46 | 基本を覚えたらルールを破ることも必要

「守破離」という言葉をご存知でしょうか。修行における、理想の師弟関係を表現したものです。「守破離」はトレードの上達プロセスにそのままあてはまり、この考え方が非常に参考になります。

守：ルールを「守り」、マネをする

「守」はマネをすることです。マネをするにあたり、期待値の高いルールがあることが前提です。勝てないやり方をマネしても、決して上達はしません。期待値が高いルールをマネすることで、どのようにすれば勝てるのか、負けるパターンはどれかなど、トレードの基礎を全体的に身につけることができます。それは、結果的に勝てるから（ルールそのものに期待値があるから）です。

基本を覚えつつ、同時に勝ち方も覚えられます。しかし、トレードをはじめたころは、期待値の高いルールをマネすることが上達につながると思わないかもしれません。本書がその役割を担えればうれしいです。まずはマネをして、次の「破」に進んでください。マネすることで、無意識のうちに基礎が叩き込まれます。

破：型を「破り」、あえて他のやり方も学んでみる

基本を覚え、ある程度トレードを繰り返したら、あえてそのルールを破ることです。私は、ここからが大事だと思います。仮に、1分足スキャルピング手法しか知らないとなると、とても狭い知識で相場と向き合うことになります。そうではなく、他の手法もいろいろ試してください。

また、ルールを破り、逆張りなどやらないで順張りに徹する時期があってもいいでしょう。そうすると、逆張りと順張りのメリットとデメリットの両方を、早い段階で理解することができます。そのうえで、逆張りに戻るとか、順張りに路線変更するなどといったことができるようになります。他の手法が楽しく感じるのも、この段階でしょう。基礎が身につくと、いろいろな手法を操ることができるようなってきます。

ただし、「破る」といっても、期待値が高いやり方を学んだからこそ、破ることに意味があります。ちょっと試してみただけで、他の手法に移るのは、破るとはいいません。ここは勘違いしないようにしましょう。

離：元のルールを完全に「離れ」、自分だけのやり方を構築する

ここまで到達すると、トレーダーとして最高のレベルになります。最初はルールを守ってスキルの土台を作り、基本という枠組みをあえて外れ、試行錯誤して自分なりのやり方を見つける段階です。私のように、完全にオリジナルの手法を生み出すこともできるかと思います。

自分が構築したやり方だと、たとえ負けても納得できますし、負けてもそれを改善してさらによいものを作ろうというモチベーションが違います。少しいいすぎかもしれませんが、他人の手法はしょせん他人のやり方、思い入れがまったくありません。自分が作り上げたものこそ、どんどんよくしていこうと思えるのです。

1分足スキャルピング手法をそのまま継続するのではなく、いずれは自分なりのやり方を築き上げてください。トレードの土台となる段階で

本書が参考になれば、それはそれでうれしく思います。また、その程度でもいいと思っています。マネしているだけでは成長しませんし、最終的には手法は自分で作るものだからです。本書では、どの項目も相場の仕組みを十二分に活用したやり方を紹介、説明しているので、基礎を築くには最適かと思います。本書を踏み台にし、勝ち組である上位5％を目指してください。

　「そういえば、ぶせなの本を読んだことあったけど内容はあまり覚えていないな」というレベルになっていれば、勝ち組の証拠でしょう。ぜひ、そうなってください。私もこれまでに100冊以上のFXの書籍を読んできましたが、内容を覚えている本は正直ありません。守破離の「守」をやっていた記憶はありますが、「破」と「離」の段階になると、自分のルールを作るのに夢中で、元のルールは覚えていません。その当時は覚えていたはずですが、今となっては自分だけのルールを築いてきたという自負が大きいです。

　ただ、基礎を築くことができたのは、100冊以上の書籍のおかげです。無意識のうちに土台ができあがっていたのだと思います。自分でもこのような経験があるので、ぜひ本書を踏み台にしてほしいと思っています。

おわりに

　最後までお読みいただき、ありがとうございます。あなたがFXで叶えたい夢を、今一度思い返してみてください。そして、FXで莫大な利益を出し、それを達成していると想像してみてください。スキャルピングは、コツをつかむと短期間でそれを達成できる投資法です。短期間であり得ないような利益が可能というだけで、ワクワクしてきませんか？本気で取り組めば、すぐに成果が出る世界です。私もここに魅力を感じました。今でも心底そう思っています。

　2008年に大損したとき、FXをやめていたら、今の生活はありませんし、トレードがない人生なんてちょっと想像できません。リスクは当然ありますが、それ以上に大きなリターンを得られます。私自身、これからも、今まで以上に利益を求めていくつもりです。ぜひ、一緒にがんばっていきましょう。

　相場は、毎日変化しています。中長期トレンドやボラティリティが変われば、値動きも変わります。何も考えずにトレードしていては、相場に置いてきぼりになるのは明らかです。重要なことは、ルールをそのまま相場にあてはめるのではなく、変化する相場に応じて、ルールも変化させる意識をもつことです。

　相場が基準。これは、変えようのない事実です。そして、その日の相場に合わせて、臨機応変に対応してください。これが、最大限の利益を出すコツです。これまでのルールを、最大限に活用してくださいね。未来のチャートを予測するためにできること、それは、過去のチャートをしっかり分析することです。スキャルピングは、数秒から数十秒を予測するだけなので、どのトレードスタイルよりもイメージしやすいと思います。すべてお読みいただいたあなたはイメージできたと思います。難しく考えず、とにかくシンプルに考えることが長く続ける秘訣です。

　日々の損益やトレードの感想などは、ブログに書いています。本書の

手法で日々トレードしているので、参考にしてください。また、私はブログ以外にも「投資の教科書」というサイトを監修しています。ここでは、スキャルピングに限らずFXで勝つためのすべての知識を惜しみなく書いたつもりです。FXを体系的に学べるので、「投資の教科書　FX」で検索してみてください。また、実際にどのように判断して毎日トレードしているか、具体的に知りたい方、また、これから本気で勉強したい方は、メールで直接ご連絡ください。

　私も、まだまだトレードを続けるつもりです。そのためには、これからも勝ち続けなければなりません。普段考えていることや実践していることをアウトプットすることで、私自身もためになっています。本書もしかり、執筆させていただいたり、日々の戦略やトレードを配信したりすることで、みなさんのためになると同時に、私自身のスキルも磨けます。お互いウィンウィンの関係になれるのです。

　包み隠さず、すべてお伝えすることは、実はとても楽しいものです。トレードで勝ち続けることが前提ですが、私にとって、これがよいモチベーションになっています。

　ここで、この場を借りて、感謝をお伝えします。結婚後、すぐに専業トレーダーになることを理解してくれた妻。上場企業を30歳すぎで辞めてしまうリスクを非常に感じていたはずです。そして、日ごろの自由気ままな行動を許してくれる2人の子どもに感謝します。日本一周の旅をしながらトレードするなど、兼業時代には経験できないような人生を可能にしてくれました。このような行動は、家族の協力が不可欠です。これがさらなるモチベーションを与えてくれます。

　最後に、本書を最後までお読みくださり、ありがとうございます。本書をきっかけに、あなたのトレードが好転することを心より願っています。あきらめなければ、どこかで必ず一線を越えることは間違いありません。夢を実現できるよう、お互いがんばりましょう。

ぶせな

FXトレーダー。会社員時代の2007年にFXを開始。当初はスウィングトレードで取引するも2008年のリーマンショック時の1100万円の損切りを機にスキャルピングへ転換し、成功する。累計利益は3年目で5000万円、4年目で1億円、2017年4月現在は1億5000万円を超えるカリスマトレーダー。継続的に利益を上げ続けることを念頭に置いているため、リスクを抑えることに重点を置くトレードスタイルが特徴。独自に編み出したスキャルピング手法に「ネックライン」を併用し、8年間負けなしの戦績を得ている。

公式ブログ：
FX億トレーダーぶせな「スキャルピング」「デイトレ」ブログ
http://fxbusena.blog.fc2.com/
連絡先：fx_busena@yahoo.co.jp

最強のFX 1分足スキャルピング

2017年11月1日　初版発行
2019年2月1日　第9刷発行

著　者　ぶせな　©Busena 2017
発行者　吉田啓二

発行所　株式会社日本実業出版社　東京都新宿区市谷本村町3−29 〒162−0845
　　　　　　　　　　　　　　　　大阪市北区西天満6−8−1 〒530−0047
　　　　編集部 ☎03−3268−5651
　　　　営業部 ☎03−3268−5161　振替 00170−1−25349
　　　　　　　　　　　　　　　　　https://www.njg.co.jp/

印刷／壮光舎　製本／若林製本

この本の内容についてのお問合せは、書面かFAX（03−3268−0832）にてお願い致します。
落丁・乱丁本は、送料小社負担にて、お取り替え致します。

ISBN 978−4−534−05535−4　Printed in JAPAN